機能・視点から考える英語のからくり

開拓社
言語・文化選書
63

機能・視点から考える
英語のからくり

上山恭男 著

開拓社

は じ め に

　本書のタイトルにある「からくり」という言葉を耳にして，まず思い浮かぶのは「からくり人形」という言葉であろうと思います。糸やぜんまい，水力などの仕掛けによって，人の意のままに動く人形のことをいいます。人形に思い通りの動きをさせるためには，その仕掛けを知る必要があります。英語という言葉も同様に，それを意のままに使いこなすためには，その仕組みや構造，あるいは英語という言葉の背後で巧みに仕組まれた原理，つまり英語の「からくり」を知る必要があります。

　そこで，本書の狙いは，英語を使えるためのさまざまな「からくり」を，読者に分かりやすく提供することにあります。その際，英語の使用にかかわる機能的な概念，たとえば，話し手の視点，主題・題述，新・旧情報などの概念を用いて，英語と日本語の比較による対照言語学的な観点，あるいはことばの本質的な性質ともいえる連続性の観点からの言語アプローチなども取り込みながら，英語コミュニケーション能力の育成に役立つ英語の「からくり」の全貌を明らかにしたいと思います。

　次に，本書の構成ですが，まず，第1章では，英語と母語である日本語とのもっとも大きな相違点の一つである語順の違いについて，言語類型的な観点から概観することとします。日本語との比較から，英語の語順的な「からくり」が浮き彫りとなります。続いて第2章では，コミュニケーションと英文法との隔たりを埋めるために，久野 (1978, 1987)，高見 (1999) らの提唱する機能的アプローチを中心に据えて，そのアプローチで重要と思われる

機能的概念や情報構造等にかかわる主な原則となる「からくり」を分かりやすく解説します．機能的概念として，主題 (theme) と題述 (rheme)，情報構造 (information structure) や焦点 (focus)，さらには話し手の視点・共感度 (empathy) などを取り上げます．

第3章では，前章で見た機能的な概念・原則となる「からくり」を，英語のさまざまな構文の分析・理解に活用します．具体的には，主題・題述の概念を英語の関係節構文の分析に適用させます．また，Huddleston and Pullum (2002) の情報運搬構文 (information packaging constructions) を取り上げて，情報構造の観点からそれぞれの構文の「からくり」を解き明かします．続く第4章では，話し手の視点，つまり共感度 (empathy) という概念を用いて，従来，学校文法でも取り上げられた文の書き換えに見られる微妙な意味・ニュアンスの違いを，見事に説明できる「からくり」を示します．

次の第5章では，英語とそれに一見対応すると思われる日本語，具体的には you と「あなた」，it と「それ」を取り上げて，日英語の対照的な先行研究を紹介しながら，両言語の代名詞の「からくり」を整理します．本章で展開される対照研究によって，外国語学習には，母語である日本語への意識化という「からくり」が重要であることに気づかされるでしょう．また，第6章では，言葉が本来的に非連続的な面と合わせて，連続的な面も併せ持つことを，英語の不定詞，動名詞，分詞といったいわゆる準動詞に焦点を当てて提示します．準動詞が連続的性質を持つという「からくり」の理解は，不定詞，動名詞，分詞相互の理解の深化に繋がります．

最後に，第7章では，従来の瑣末主義に走り過ぎた英文法教育への真摯な反省に立ちつつも，学校英語教育においては，これま

で以上に英文法教育が求められることを主張します。グローバル化と叫ばれている今だからこそ，中身のある正確な内容の伝達にこだわりたいと思います。その時に重要となるのが英語の実際的な運用に直結する「からくり」の理解であり，まさしく英文法教育復権が叫ばれる所以です。

　本書をまとめるに際しては，開拓社の川田賢氏に企画段階で声をかけ，背中を押していただきました。行き届いたご配慮に対して，この場を借りて感謝申し上げます。

　2016 年 3 月 1 日
　　三寒四温の春めく函館にて

　　　　　　　　　　　　　　　　　　　　　　　　上山　恭男

目　　次

はじめに　*v*

第 1 章　日英語の語順 …………………………………… *1*
1.1. 語順の相違　*4*
1.2. 表現上の相違　*9*
1.3. なぜ英語は前置詞，日本語は後置詞なのか？　*12*
1.4. なぜ英語は節頭接続詞，日本語は節尾接続詞なのか？　*15*
1.5. なぜ英語は名詞を関係節の前に，日本語は関係節の後に置くのか？　*17*

第 2 章　機能的アプローチの重要概念と情報構造 …………… *23*
2.1. 主題と題述　*24*
2.2. 情報構造と焦点　*27*
  2.2.1. 文末重点の原則　*28*
  2.2.2. 文末焦点の原則　*30*
  2.2.3. 主語は既知情報　*33*
  2.2.4. 情報の流れの原則　*34*
2.3. 話し手の視点　*38*
  2.3.1. 共感度（empathy）　*38*
  2.3.2. 直示的（deictic）な表現　*44*
  2.3.3. 視点動詞　*47*

第3章　機能的概念の活用と情報運搬構文 ……… 51
3.1. 関係節構文の機能的アプローチ　52
3.1.1. 「二文結合」と「訳し上げ」の問題点　53
3.1.2. 代案　56
3.1.2.1. 名詞句の拡張　56
3.1.2.2. 主題制約　58
3.1.2.3. (13) の捉え方の一見, 問題点　60
3.1.3. 情報追加構文　63
3.1.4. まとめ　65
3.2. 情報運搬構文　65
3.2.1. 主題化　67
3.2.1.1. 前置文　67
3.2.1.2. 倒置文　70
3.2.1.3. 左方転位文　73
3.2.1.4. 分裂文　74
3.2.1.5. 受動文　76
3.2.2. 題述化　79
3.2.2.1. 後置文　79
3.2.2.2. 存在文　80
3.2.2.3. 外置文　84
3.2.2.4. 右方転位文　86

第4章　話し手の視点と文の書き換え ……… 89
4.1. 派生主語形成構文　92
4.2. 派生目的語形成構文　96
4.3. まとめ　105

第5章　日英語の対照的考察 ……… 107
5.1. you vs.「あなた」　109
5.1.1. you の特定的用法　111

5.1.1.1. 二人称の you　*111*
　　5.1.1.2. 一人称的 you　*114*
　　5.1.1.3. 三人称的 you　*118*
　5.1.2. you の総称的用法　*120*
　　5.1.2.1. 総称的な we, they との比較　*120*
　　5.1.2.2. 一人称的 you, 三人称的 you との比較　*123*
　5.1.3. 二人称代名詞 you のより良い理解に向けて　*125*
　　5.1.3.1. you vs.「あなた」の認知的側面　*125*
　　5.1.3.2. you vs.「あなた」の文化的側面　*127*
　5.1.4. まとめ　*130*
5.2. it vs.「それ」*131*
　5.2.1. it の正体　*132*
　　5.2.1.1. that との比較　*132*
　　5.2.1.2.「それ」との比較　*135*
　5.2.2. it に関する留意点　*139*
　5.2.3. it への教育的配慮　*141*
　5.2.4. まとめ　*143*

第 6 章　ことばの連続性
　　　　　—準動詞を中心に—　……………………………… *145*

6.1. to 不定詞と V-ing/-en　*147*
　6.1.1. 非定形動詞の本来的な性質　*147*
　6.1.2. 非定形動詞の拡張機能　*149*
　　6.1.2.1. 名詞的用法　*149*
　　6.1.2.2. 形容詞的用法　*152*
　　6.1.2.3. 副詞的用法　*155*
　6.1.3. まとめ　*158*

第 7 章　英文法教育復権の必要性 ……………………… *161*

7.1. 文法内容上の問題点　*162*

  7.1.1. 5つの基本文型 *162*
  7.1.2. 動詞の意味と他動性 *165*
  7.1.3. 接続詞 that と関係代名詞の省略 *167*
  7.1.4. there 構文 *170*
  7.1.5. 不定詞と動名詞 *173*
 7.2. 文法指導上の問題点 *174*
  7.2.1. 形式偏重主義 *174*
  7.2.2. 文法用語指導への矮小化 *178*
 7.3. 英文法教育へ向けての新しい視点 *181*
  7.3.1. 場面を意識した英文法へのアプローチ：文から発話へ
                181
  7.3.2. 情報構造の重視 *186*
 7.4. まとめと展望 *189*

参考文献 …………………………………………………… *193*
索　引 ……………………………………………………… *201*

第 1 章

日英語の語順

本章では、まず最初に、Dryer (2013) に基づいた語順による世界の言語分類を見ておきましょう。語順というと英語の五つの基本文型を想起しますが、その中でも S（主語）＋ V（動詞）＋ O（目的語）の第 3 文型が最も基本的です。Dryer (2013) は、この S, V, O の 3 要素の語順を世界の 1377 言語について検討し、以下のような結果を得ています。

(1)　SOV—565 言語（約 41％）日本語、朝鮮語、モンゴル語等
　　　SVO—488 言語（約 35％）英語、フランス語、中国語等
　　　VSO—95 言語（約 7％）サモア語、ヘブライ語等
　　　VOS—25 言語（約 2％）
　　　OVS—11 言語（約 1％）
　　　OSV—4 言語（約 0.07％）
　　　基本語順なし—189 言語（約 14％）

この中で日本語は、調査対象となった言語の約 41％を占める SOV 型であり、他方英語は、約 35％を占める SVO 型です。一見、英語のほうが日本語よりも一般的な語順のように思われがちですが、実際には、3 要素の語順に関して、日本語はごく普通の語順であるという主張が成立します。

　また、S, V, O の 3 要素の組み合わせは、数学的には 3 の階乗で (1) に示されるように 6 通り可能ですが、S が O より先にくる上位 3 タイプの言語が圧倒的に多く、その逆の語順は稀で世界全体から見ても 3％に過ぎません。このことから、人間の言語で

は，SがOに先行するのが普通であると言えます。[1] 一般に，動作を行う側である主語が動作を受ける側の目的語より先に表現されるのは，ことばの伝達機能からしても，きわめて自然であると考えられます。

そこで，SがOに先行する上位三つのタイプに焦点を絞ってみると，単純に考えれば均等に33.3％ずつの割合になってよいはずなのに，実際には世界の言語の80％近くが日本語のSOV型と英語のSVO型に属し，他方VSO型は10％にも至りません。この不均衡はどう説明するとよいのでしょうか。[2]

自然な情報の流れを維持するために，動作を行う側のS（主語）に続いて動作を受ける側のO（目的語）が表現され，これらの登場人物を提示した後で，SとOがどうしたかを表すV（動詞）が表現される，つまりSOVの語順がきわめて自然です。これを逆にして，唐突にどうしたか，つまりVを表現し，その後で登場人物（SとO）を表現する（つまりVSOの語順）というのは，人間の知覚処理の観点からしても自然とは言えません。したがって，(1) に示されるように，人間の知覚処理的な観点から，SOV型が41％，VSO型が7％の少数派となっているのだろうと考えられます。残りの英語が属するSVO型は，V（動詞）の位置に関してSOVとVSOの中間であり，比率も中位の35％となっています。このように，自然な情報の流れに対応して，上位三つのタイプの

---

[1] Greenberg (1963: 77) は，45のUniversalsのうち，第1番目にSがOに先行する普遍的性質を提示しています。

　　Universal 1. In declarative sentences with nominal subject and object, the dominant order is almost always one in which the subject precedes the object.

[2] 以下での議論は藤田・平田(編) (1985: 19-24) に依拠しています。

語順（SOV・SVO・VSO）が分布しているのです．

以上の点を踏まえながら，以下，本章では，SOV 型の日本語と SVO 型の英語とに焦点を当てて，さまざまな観点から両言語の比較をし，両者が見事な鏡像（mirror image）の関係にあることを示します．また，なぜ英語は前置詞，日本語は後置詞なのか？（1.3 節），なぜ英語は節頭接続詞，日本語は節尾接続詞なのか？（1.4 節），なぜ英語は名詞を関係節の前に，日本語は関係節の後に置くのか？（1.5 節）といった謎解きをしてみようと思います．

1.1. 語順の相違

まず，日英語の語順の大きな違いは，(2) のように英語では「動詞＋目的語」であるのに対して，日本語では「目的語＋動詞」とちょうど逆になる点です．

(2) a. John played tennis.
　　　［主語＋動詞＋目的語］　VO 言語
　　b. ジョンはテニスを した．
　　　［主語＋目的語＋動詞］　OV 言語

(2) からも分かるように，言語類型的には，英語は VO 言語，日本語は OV 言語ということになりますが，両者は次の (3) に示されるように，他の統語要素の配列においても体系的な対立を示す傾向があります．

(3)　　　　VO 言語　　　　　　　　OV 言語
　　a.　前置詞 + 名詞　　　　　　名詞 + 後置詞
　　　　on TV　　　　　　　　　　テレビ で
　　b.　接続詞 + 文　　　　　　　文 + 接続詞
　　　　When it rains / I think that　雨が降る と／大変良い と
　　　　it's very good.　　　　　　思う
　　c.　接続詞 + 名詞　　　　　　名詞 + 接続詞
　　　　Japanese and Chinese　　　日本語 と中国語
　　d.　助動詞 + 本動詞　　　　　本動詞 + 助動詞
　　　　It may snow.　　　　　　　雪になる かもしれない
　　e.　名詞 + 関係節　　　　　　関係節 + 名詞
　　　　the boy who broke the　　窓ガラスを割った 少年
　　　　window
　　f.　名詞 + 属格　　　　　　　属格 + 名詞
　　　　the economy of Japan　　　日本の 経済

　ここで，いくぶん抽象的になりますが，ある構成素の統語機能を決定する，いわばその要となる要素を主要部（Head）と呼び，その主要部を意味的に補足している要素を補足部（Complement）と呼ぶことにしましょう。主要部・補足部という考え方に基づいて，(2) と (3) の諸要素をどちらかに振り分けるならば，次の (4) のようになります。

(4)　H：主要部，C：補助部

H	動詞	前／後置詞	接続詞	接続詞	助動詞	名詞	名詞
C	目的語	名詞	文	名詞	動詞	関係節	属格

たとえば，(2) において，played tennis (テニスをした) が動詞句として働くのはひとえに動詞 played (〜をした) の機能によるので，動詞が主要部，目的語の tennis (テニス) が補足部です。同様のことは，(3) のそれぞれの例についても言えます。たとえば，(3d) において，(2) では主要部として働いた動詞が，今度は可能性を表す助動詞 will の補足部として機能します。ある動詞によって表される行為・動作が現実ではなく未来や可能性を表すことなのかどうかは，動詞に先行する(法)助動詞によって決定づけられるからです。その他，(3) のそれぞれの観察結果として得られるのが (4) であり，次の (5) にまとめられるように，英語のような VO 言語では常に主要部が前，補足部が後にきます。これとは正反対に，日本語のような OV 言語では，常に補足部が前，主要部が後という規則性が得られます。

(5) 英語： 主要部（H）＋補足部（C）
　　 日本語： 補足部（C）＋主要部（H）

このように，英語と日本語の語順は，あたかも鏡に映し出したように左右対称となって，(6) にも示されるように，また，視覚的に (7) の樹形図からも明らかなように，いわば鏡像（mirror image）関係を成すと言われます。

(6) a.　(I) ₁taught　₂Japanese　₃to John　₄in the classroom ₅yesterday.
　　 b.　　₅昨日，₄教室で　₃ジョンに　₂日本語を　　₁教えた。

(7) a. 日本語の左枝分かれ
(Kuno (1973: 7))

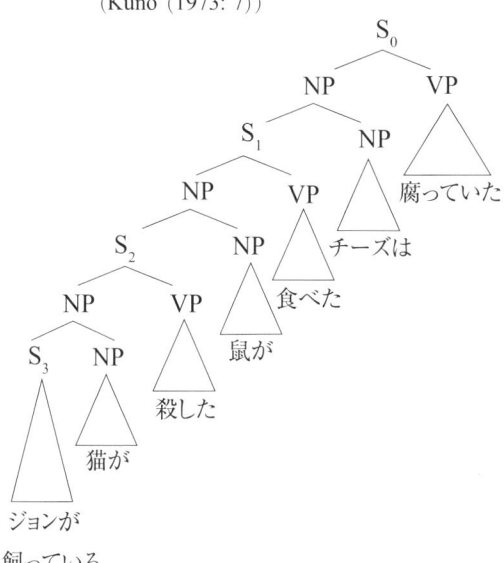

```
                S₀
              /    \
            NP      VP
           /  \      △
          S₁   NP   腐っていた
         /  \   △
        NP  VP  チーズは
       /  \  △
      S₂   NP 食べた
     /  \   △
    NP  VP  鼠が
   /  \  △
  S₃   NP 殺した
  △   △
ジョンが 猫が
飼っている
```

(6) では，数字が示すように，主語を除く種々の補足部が英語では右へ，日本語では左へと並んでいます。(7) の樹形図からは，(7a) が日本語 (ジョンが飼っている猫が，殺した鼠が，食べたチーズは腐っていた) の左枝分かれ図，(7b) が英語 (John owned a cat that killed a rat that ate cheese that was rotten) の右枝分かれ図であり，日英語の鏡像関係が一目瞭然となります。さらに，(8) のような至近な例も，主要部・補足部の関係として捉えることができるので，英語と日本語の鏡像関係が成立している例として見なすことができるでしょう。

(7) b. 英語の右枝分かれ
　　　(Kuno(1973: 8))

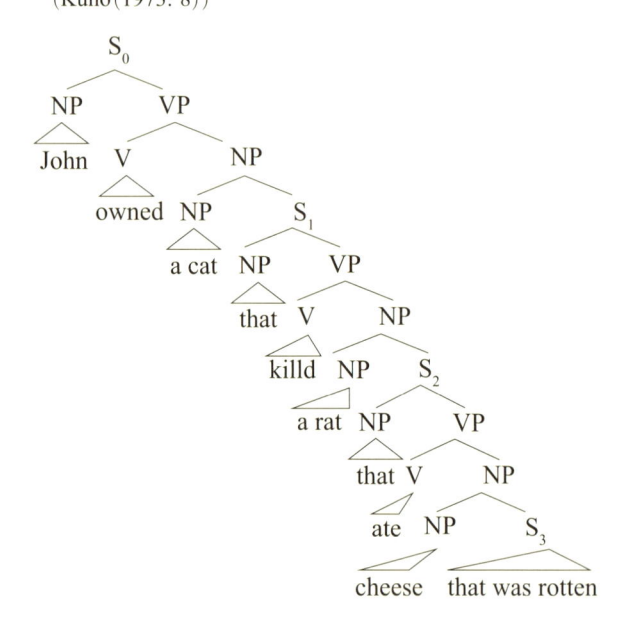

```
                S₀
              /    \
            NP      VP
            |      /  \
           John   V    NP
                  |   /  \
                owned NP   S₁
                      |   /  \
                    a cat NP   VP
                          |   /  \
                         that V    NP
                              |   /  \
                            killd NP   S₂
                                  |   /  \
                                a rat NP   VP
                                      |   /  \
                                    that V    NP
                                         |   /  \
                                        ate NP   S₃
                                            |     \
                                          cheese  that was rotten
```

(8) a.　2015 年 3 月 3 日：　3 March, 2015
　　b.　午前 11 時：　　　　11:00 a.m.
　　c.　函館市八幡町 1-2：　1-2 Hachiman-cho, Hakodate
　　d.　山田一郎：　　　　　Ichiro Yamada

したがって，日本人が英語を学習するときには，語順などからみただけでも，母語の日本語とは鏡像の関係にある英語の語順に慣れなければならない，という大きな重荷を背負うことになります。加えて，両言語の語順の違いはこれだけに留まらないことを，次節で見てみましょう。

1.2. 表現上の相違

　周知のように，文の種類には平叙文のほかに，否定文，疑問文，命令文，希求文，受動文，使役文などがあります。牧野（1978: 1-3）が指摘するように，日本語では文の種類を表示する否定辞，疑問詞，命令表示，希求表示，受動表示，使役表示などは，いずれも動詞と抱き合わせで文末に出てくるのに対して，英語ではこれらの表示が動詞の位置につけられて文頭，もしくは主語のすぐ後に出てきます。以下の (9) から (14) の各例における下線部が示す通りです。

(9) 否定表示
　　a. I do<u>n't</u> drive a car.
　　b. 僕は車を運転し<u>ません</u>。

(10) 疑問表示
　　a. <u>Did</u> you read that book?
　　b. あなたはその本を読みました<u>か</u>。

(11) 命令表示
　　a. <u>Go</u> home early, won't you?
　　b. 早く家に帰り<u>なさい</u>。

(12) 希求表示
　　a. I <u>wish</u> I could go to Europe!
　　b. ヨーロッパに行き<u>たいな</u>。

(13) 受動表示
　　a. I <u>was</u> twice <u>deceived</u> by that man.
　　b. あの男には，2度もだま<u>された</u>。

(14) 使役表示

    a. I <u>had</u> my brother <u>go</u> and <u>buy</u> the ticket.

    b. 僕は弟に切符を買いに<u>行かせた</u>。

ここで,主要部・補足部の考えを再度導入して,文の種類を決定づける下線部の文表示を主要部,それ以外の部分を補足部と見なすならば,(9) から (14) についてもほぼ (5) の規則性が得られます。つまり,日本語が文末中心であるのに対して,英語は文頭中心という差がさらに鮮明となります。このことを如実に表しているのが (15) であり,先の (7) と同様に,日本語の左枝分かれ,英語の右枝分かれといった,左右対称の樹形図が得られます。[3]

(15) a. 本を読ませられたくなかった。

    b. (I) did not want to be made to read books.

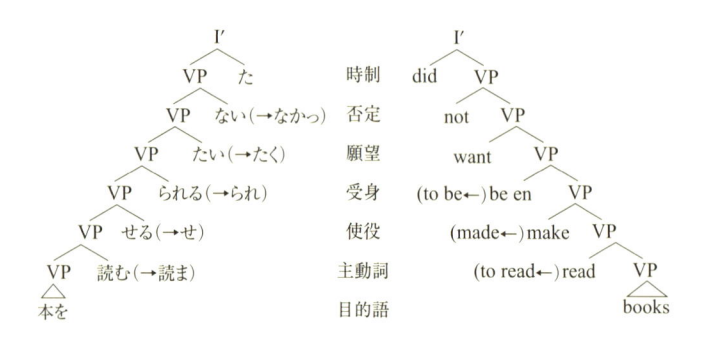

```
            I′                              I′
       VP    た         時制          did    VP
     VP  ない(→なかっ)   否定         not    VP
    VP  たい(→たく)     願望         want    VP
   VP  られる(→られ)    受身      (to be←)be en  VP
  VP   せる(→せ)        使役      (made←)make   VP
 VP   読む(→読ま)      主動詞    (to read←)read  VP
 △                      目的語                  books
本を
```

(16) a. You're free tomorrow, aren't you? Oh, no, you're not free, are you?

    b. 先生,明日はお暇でいらっしゃ …… ませんね。

---

[3] (15) の樹形図については,高見 (2003: 42) を参照。

また，(16) は，牧野 (1978) からの例ですが，(16b) の日本語では，話し手が相手の表情などを見て，初めの意図を途中で急遽変更し，終わりで意図変更を図る，といった文末中心が顕著です。これに対して文頭中心の英語では，(16a) のように，別の文で言い直さなければなりません。

このように見てくると，日英語の語順の違いを単に表層的な文法上の違いとして捉えるのは，不十分であるように思われてきます。実際，牧野 (1978: 4) は，日本語で，はにかみがちに語尾を濁しながら話している女性が英語を話し出すと，まるで二重人格のように言いたいことをはっきり話し出す場合があることを指摘し，一度英語なら英語の語順のレールに乗ってしまうと，話し手の性格が変わったと言ってもいいほどになってしまうと述べています。語順は確かに表層の問題ですが，語順の拘束力は予想以上に強いものであり，英語学習者の人格をも変えてしまうほどなのです。英語が上手なら上手なほど，二重人格性がはっきり現れると言われる所以です。英語に上達するためには，単に鏡像関係にある英語の語順に慣れるに留まらず，性格的な変更をも余儀なくされるほど，日本人の英語学習者にとっては大変なことなのです。

よって，よく耳にする「日本人の英語下手」というのは，決して故無き事ではなく，英語学習の早い時期に，(2) や (3) のような中学校の初期段階で既習事項となるような簡単な例を通して，英語学習者が日本語の母語と英語との言語的距離の遠い事実に気づき，英語上達にはそれなりの労力が伴うことを知る必要があります。一方で，外国語学習が母語を映し出す鏡である，と言われるように，英語を通して母語への意識化を図ることが重要です。大津 (2005) が言語教育の目的の一つに「言語の面白さ，豊かさ，

怖さを学習者に気づかせる」ことを挙げていますが，まさしく，(7) や (8) や (15) などで示されるような日英語の見事なまでの鏡像関係は，学習者が言葉に興味を持ったり，面白みを感じたりすることに，大いに貢献するでしょう。

1.3. なぜ英語は前置詞，日本語は後置詞なのか？

これまで，「英語には前置詞，日本語には後置詞」ということについては，あまりにも当然のこと過ぎて，疑問をさしはさむ余地は無かったように思われます。しかし，母語の日本語に加えて英語のような外国語を学習すると，ただちにすでに見たような両言語の語順の大きな相違に気づかされます。とりわけ，英語には，日本語にはない前置詞や冠詞などが存在することを知り驚かされます。当然のことながら，初期の英語学習者には，英語にある前置詞がなぜ日本語には存在しないのか，逆に，日本語にある後置詞がなぜ英語には存在しないのか，といった素朴な疑問が生じるでしょう。

そこで，本節では久野 (2006) に基づいて，標題の疑問に答えてみましょう。すでに 1.1 節で見たように，英語が右枝分かれ構造を持つのに対して，日本語は左枝分かれ構造を持ちます。具体的に，次の (17) の日英語を考えてみます。

(17) a. the color of the flowers in the vase on the table
    b. テーブルの上の花瓶の中の花の色

それぞれの名詞句の構造を，角括弧表示を用いて示すと (18) のようになります。

(18) a. [the color of [the flowers in [the vase on [the table]]]]
　　b. [[[[テーブル] の上の　花瓶] の中の　花] の　色]

先の (7) のような枝分かれ図に対応して，角括弧表示では，(18a) の英語名詞句は，概略，(19a) のような表示に，また，(18b) の日本語名詞句は (19b) のような表示にそれぞれなるでしょう。[4]

(19) a.　右枝分かれ： [x ... X]
　　b.　左枝分かれ： [x X ...]

つまり，(17a) の英語名詞句と (17b) の日本語名詞句は，それぞれが右枝分かれの構造と左枝分かれの構造を有している限りにおいて，知覚処理上，何ら困難を伴うことなく容易に理解できます。

　ところが，よく知られているように，英語にせよ日本語にせよ，中央枝分かれの構造を持つ場合には，(20) からも明らかなように，知覚処理をする上で困難を伴います。

(20) a. *The cheese [that the rat [that the cat [that John owned] killed] ate] was rotten.
　　b. *太郎が [花子が [夏子が愛している] その少年に書いた] 手紙を読んだ。

(20a) と (20b) は，共に，概略，(21) のような中央枝分かれの構造を持ちます。

---

[4] 一般に，ある構造が同じ範疇の構造に埋め込まれている場合，自己埋め込み構造と呼ばれますが，(19) の左右の枝分かれ自己埋め込みと，(21) の中央枝分かれ自己埋め込みの構造があります。

(21)　中央枝分かれ：[x ... X ...]

　そこで，仮に英語が後置詞を，日本語が前置詞を持つと仮定した場合，先の (17) の名詞句は，それぞれ次のような角括弧表示を持つことになります。

(22) a.　[the color [the flowers [the vase [the table] on] in] of]
　　 b.　[の [の中の [の上の [テーブル] 花瓶] 花] 色]

(22a) と (22b) は，まさしく (21) の中央枝分かれの構造です。よって，英語が後置詞を持たず，日本語が前置詞を持たないのは，決して故なきことではなく，知覚処理上，困難を伴わないための方略であると考えることができます。
　さらに，久野 (1974) では，知覚困難を伴う要因として，文法形式の並列を上げています。

(23)　文法形式並列と知覚処理困難性：
　　　同じ文法形式（たとえば，接続詞，前置詞，後置詞など）の並列は知覚困難を引き起こす。

(22) では，英語表現にせよ日本語表現にせよ，いずれも知覚処理的に困難を伴う中央枝分かれの構造に加えて，前置詞や後置詞の並列がさらに知覚困難性を高めています。したがって，英語での後置詞や日本語での前置詞は許されず，英語では前置詞が，日本語では後置詞が必須の選択ということになるのです。
　本節での説明は，(3b) で例示されたように，なぜ英語では接続詞が節頭にくるのに対して，日本語では節尾にくるのか，さらには，(3e) での例示のように，なぜ英語では名詞句が関係節に先行

するのに対して，日本語では関係節に後続するのか，といった疑問に対する説明にも同様に当てはまります。つまり，(3b) や (3e) で示される語順こそが，それぞれの言語において，知覚処理上の困難を伴う中央枝分かれの構造や文法形式の並列を避けるための必須の選択なのです。引き続き，以下の節で具体的にこのことを考えてみましょう。

1.4　なぜ英語は節頭接続詞，日本語は節尾接続詞なのか？

英語では，(24a) からも明らかなように，接続詞が節頭に置かれるのに対して，日本語では，(24b) が示すように，接続詞が節尾に置かれます。

(24) a.　John says that everyone knows that [the earth is round].
　　 b.　[地球が丸い] ことを　皆が知っていると　ジョンが言う。

前節における英語の前置詞，日本語の後置詞の場合と同様に，英語の節頭接続詞，日本語の節尾接続詞についても，あまりにも当然のこと過ぎて疑問を差し挟む余地はありませんでした。しかし，英語が仮に節尾接続詞を持つと想定した次の (25) を考えてみると，なぜ英語では接頭接続詞でなければならないのかの理由を導き出すことができます。

(25)　John says [everyone knows [the earth is round]–that]–that.

(25) は，すでに前節で見た (23) からも予測されるように，同じ接続詞 that の並列に加え，(21) でも指摘したように，いわゆる中央埋め込みが二重に生じ，知覚処理上，困難を引き起こす構造を成しています。

一方，日本語についても，仮に接頭接続詞を有すると想定すると，次の (26) が得られます。

(26) ジョンは と [皆が ことを [地球が丸い] 知っている] 言う。

(26) は，接続詞の「と」と「ことを」を接頭に置くことにより，中央埋め込みが二重に生じて，この文を認識する上で困難を伴います。このように，英語にせよ日本語にせよ，架空の語順を想定した (25) や (26) が知覚処理的に困難を生じ得るので，(24) の和文・英文が示す通り，英語は接頭接続詞，日本語は節尾接続詞が必須の選択であると言えるのです。

ここで注目すべきは，(27a) の文の非文性です。[5]

(27) a. *That [that [the earth is round] is obvious] is dubious.
　　 b. That [it is obvious that [the earth is round]] is dubious.
　　 c. It is dubious that [it is obvious that [the earth is round]].

---

[5] (27a) が非文であるのに対して，次例の文法性に注意しましょう。
　(i) ?That [the fact that [the earth is round] is obvious] is dubious.
両者には，二つの中央埋め込みが含まれていますが，(i) では接続詞 that の並列がなくなった分，文法性の度合い，すなわち知覚困難度が下がったと考えることができます（久野ほか (2007: 49) を参照）。

(27a) は，接続詞 that の並列と中央埋め込みが多重に生じているために，文の知覚度を大きく下げています。(27a) の that the earth is round という節に it 外置を適用すると (27b) が得られ，接続詞 that の並列がなくなり，しかも中央埋め込みの数も一つ減り，その分，(27b) は (27a) と比べて知覚処理がしやすくなります。さらに，that it is obvious that the earth is round という節全体に，再度，it 外置を適用すると，(27c) のような右枝分かれの容易に理解可能な文が派生します。

したがって，英語と日本語の両言語において，前者では節頭接続詞となり後者では節尾接続詞となるのは，故なきことではなく，知覚上困難をもたらす多重中央埋め込みや接続詞の並列を回避するための必須の選択なのです。また，英語においては，知覚困難を回避するために it 外置などの文型変換も用意されているのです。

1.5. なぜ英語は名詞を関係節の前に，日本語は関係節の後に置くのか？

標題の疑問について考える際，日本語に関しては，これまでと同様に，架空の文を想定することにより回答を与えることが可能となります。まず，(28a) は，主語を修飾する関係節を含む例であり，(28b) は，目的語を修飾する関係節を含む例です。

(28) a. [メアリーが愛していた] 少年がジェインを嫌っていた。
   b. ジェインが [メアリーが愛していた] 少年を嫌っていた。

  c.　[メアリーが愛していた] 少年をジェインが嫌っていた。

(28b) には知覚困難を引き起こす中央埋め込みが一つ生じており，これを回避するためには目的語を文頭に移動して，(28c) を派生させることができます。ところが，仮に日本語において関係節が名詞に後続するような文を想定すると，次の (29) のようになります。

(29) a.　少年 [メアリーが愛していた] がジェインを嫌っていた。
  b.　ジェインが少年 [メアリーが愛した] を嫌っていた。
  c.　少年 [メアリーが愛した] をジェインが嫌っていた。

いずれの文においても，知覚困難な中央埋め込みの構造が含まれています。つまり，日本語では，名詞の後に関係節が続く語順を取ると，(29c) が示す通り知覚困難を最小限にとどめようとする語順変換のメカニズムすら働かなくなり，よって，関係節の後に名詞が後続する語順が必須の選択ということになります。
 一方，英語においては，日本語とは逆に関係節が名詞に後続する，いわゆる後置修飾の語順を取ります。なぜ，英語がこの語順を取るのかの理由については，池上 (1981) の認知的な説明が参考となります。[6] 池上 (1981) は，ある状況ないし出来事を言語

---

 [6] 英語では，主語を修飾する関係節 (ia) は，中央埋め込み構造を作り出してしまいますが，目的語を修飾する関係節 (ib) ならば，理解の容易な右枝分かれ構造となります。仮に英語が日本語と同じ語順，すなわち関係節＋名詞の語順を取ると仮定すると，今度は逆に，目的語を修飾する関係節 (id) の場合に中央埋め込みが生じることとなります。いずれにせよ，英語の場合には，どちらの語順が必須の選択となるのかは，架空の語順を想定する方法だけでは決

化しようとするときにそこに何らかの固体を取り出しそれに焦点を当てて表現する，いわば「もの」的捉え方と，そのような固体を特に取り出すことなく出来事全体として捉えて表現する，いわゆる「こと」的捉え方があることを指摘しています。相対的に言って，日本語では「こと」的な捉え方が優位に立ち，逆に英語では「もの」的捉え方への指向性が明らかに強いとみなされています。

このことを確認するために，たとえば，(30) の日本語と (31) の英語を考えてみましょう。

(30) a. 女の子が泣いているのに出会った。
　　 b. 泣いている女の子に出会った。
(31) a. It happened that John fell.
　　 b. John happened to fall.

日本語にせよ英語にせよ，同じ出来事に対して (30a) や (31a) のような「こと」的な表現と (30b) や (31b) のような「もの」的な表現が可能です。しかし，両表現どちらかへの好みということになると，日本語と英語とでは必ずしも同じではありません。たとえば，(30) において，「出会う」対象は論理的には「もの」的対象，つまり「女の子」のはずです。ところが，日本語では，この「もの」的な対象までが「こと」的に現象化され，(30a) のような「こと」的な表現が可能となります。逆に，英語の「もの」的

め手を欠いてしまうのです。
(i) a. The boy [who Mary loved] hated Jane. ×
　　 b. Jane hated the boy [who Mary loved]. ○
　　 c. [Mary loved] the boy hated Jane. ○
　　 d. Jane hated [Mary loved] the boy. ×

な表現への指向性は，(31) のような例文によって示されます。(31a) の happen という動詞は，「起こる」という意味からして「もの」的な項とは結びつかず，「こと」的な項と結びつく動詞です。ところが，英語では，出来事の中から John という固体を取り出してきて，それに焦点を当てて表現する (31b) のような表現が可能であり，このことは，英語が非論理的な振る舞いをあえてするほど「もの」的表現への指向性が強いことを示しています。以上のことから，日本語の「こと」的な表現への指向性と英語の「もの」的な表現への指向性は明らかであると思われます。

ところで，英語の関係代名詞が典型的な「もの」的構文を作り出すことに注目してみましょう。

(32) a. Do you know of the millions in Asia that are suffering from protein deficiency because they get nothing but vegetables to eat?
   b. 食べるべきものは野菜以外には何もないため，蛋白質不足で苦しんでいるアジアの何百万の人々を知っていますか。
   c. アジアの何百万という人たちは，野菜以外に食べる物がないために，蛋白質不足で苦しんでいることを知っていますか。
   d. Do you know that the millions in Asia are suffering from protein deficiency because they get nothing but vegetables to eat?

(32a) をできるだけその構文に忠実に直訳したのが (32b) です。(32b) では，(32a) の関係節で表される出来事の中から，know

(知る) の対象として the millions in Asia (アジアの何百万の人たち) という「もの」を取り出し，それに残りの部分を修飾的な叙述として結びつけた言い方となっていて，日本語としては極めて不自然な「もの」的表現です。これを，日本語の「こと」的捉え方に置き換えて意訳したのが (32c) です。これで初めて，出来事をそのまま一つのまとまりとして，一つの節の形で表した「こと」的な捉え方の自然な日本語表現となります。ちなみに，英語にも (32c) に対応する (32d) のような「コト」的な表現があることは周知の通りです。

そこで，日英語の「こと」的な捉え方と「もの」的な捉え方の両指向性の観点から，英語の関係代名詞を考えてみるのは興味深いことです。なぜなら，日本語においてなぜ関係代名詞が発達しなかったのか，その理由を知る手がかりが得られるからです。池上 (1982: 259) は，その理由として，英語の関係代名詞こそ典型的な「もの」的な構文を作り出すとして，これは，日本語の「こと」的な表現への指向性の強い性格とは相容れないからだとしています。一方，英語の場合には，情報処理上，左から右への情報の流れに順行して，ある事柄の中から典型的にはもの的な名詞が取り出され，続いて関係節でいわば情報の追加がなされるといった語順になるのです。

第 2 章

機能的アプローチの重要概念と情報構造

本章では，情報構造上の主な原則や，機能的アプローチにおいて重要と思われる概念について，具体的な例を用いて個々に説明を試みてみましょう。

2.1. 主題と題述

英語の文には必ず「主語（主部）と述部」が含まれます。主語は「何が」に相当し，述部は「どうした」に当たり，文は，「何がどうした」という考えのまとまりを表します。話し手が聞き手に情報を伝達する場合に，話し手が文を用いてある事柄を述べるとき，その対象となる人や物を「主題」(theme) または「話題」(topic) といい，その主題について述べる部分を「題述」(rheme) または評言 (comment) といいます。通常，(1) のように，文の主語が主題となり，述部が題述となります。

(1) [John]　　[read Shakespeare].
　　 主題　　　　題述

ところで，(1) を日本語に直した場合，「ジョンはシェイクスピアを読んだ」とも「ジョンがシェイクスピアを読んだ」とも訳すことができます。日本語の母語話者は，状況に応じて無意識に両者を使い分けているのです。Kuno (1973) では，日本語の助詞「は」と「が」それぞれに二つの機能を与えています。まず最初に，(2) の文脈では，(2A) の質問にすでにジョンが登場していて，(2B) では，その John がどうしたかを述べています。そのため (2B) のジョンは，主題であり日本語でも主題をマークする

「は」が用いられています。また，(3) の文脈では，「ジョンとビルはシェイクスピアを読んだのですか」という質問に対してジョンはシェイクスピアを読み，ビルは読まなかったので，ジョンは主題ではなく対照 (contrast) をマークしています。したがって，日本語の助詞「は」には，主題と対照をマークする機能のあることが理解できます。

(2) A: What did John do?
    B: John (He) read Shakespeare.
       (ジョン<u>は</u>シェイクスピアを読んだ)

(3) A: Did John and Bill read Shakespeare?
    B: John read Shakespeare, but Bill didn't.
       (ジョン<u>は</u>シェイクスピアを読んだが，ビル<u>は</u>読まなかった)

一方，「が」については，(4) の文脈で (4A) の「誰がシェイクスピアを読んだのか」という質問に対して，(4B) の 'John read Shakespeare.' が用いられると，「ジョンがシェイクスピアを読んだ」となり，Kuno (1973) はこの場合の「が」を総記 (exhaustive listing) の意味をマークする標識であるとしています。[1] さらに，(5) の文脈では，ジョンもシェイクスピアもどちらも (5A) の質問には登場せず，聞き手は何の予備知識も持たずに「ジョンがシェイクスピアを読んだ」という出来事を聞いています。このような場合，(5B) のジョンは中立叙述 (neutral description) を表すと言い，この格助詞「が」は中立叙述の意味をマークする標

---

[1] (4) において「〜が」が総記であるということは，「〜」に当たるものをすべて列記する，と捉えます。

識です。したがって、格助詞「が」は、総記を示す場合と中立叙述を示す場合の二つの機能が備わっていることになります。

(4) A: Who read Shakespeare?
    B: John read Shakespeare.
       (ジョン<u>が</u>シェイクスピアを読んだ)
(5) A: What happened next?
    B: John read Shakespeare.
       (ジョン<u>が</u>シェイクスピアを読んだ)

以上のように、主題と題述は、それぞれ伝統的な主部と述部とに一致することが多いのですが、前者と後者は観点の異なる概念であり、両者は常に一致するわけではありません。たとえば、(6) の文脈では、(6A) の「誰がその本を読んだの」という質問に対して、(6B) のように read の目的語である this book を主題に据えて、この本について言えば (Speaking of / As for this book)、「ジョンが読んだ」という題述を添えることができます。この場合、本来的な主部であるジョンは、題述の一部を成しています。

(6) A: Who read that book?
    B: This book, John read. (この本は、ジョンが読んだ)

これと同様に、(7B) や (8b) においても、それぞれ yesterday という副詞や then came という本来的な述部が主題となり、John read a book という文全体、あるいは the teacher という本来的な主部が題述をなしていることが分かります。

(7) A: What happened yesterday?

B: Yesterday, John read a book.
(昨日は，ジョンが本を読んだ)

(8) a. The teacher then came.
b. Then came the teacher.
(次に来たのは，先生だった)

2.2. 情報構造と焦点

機能的なアプローチにおいては，とりわけ情報という概念を重視して構文分析を行います。以下，英語の文における情報構造 (information structure) について，その基本的な事項を概観しますが，Huddleston and Pullum (2002) では，英語の文の情報構造に見られる傾向を，次の (9a-e) の5つに要領よくまとめられています。

(9) Huddleston and Pullum (2002: 1372): Some general tendencies regarding information structure
  a. Heavy constituents tend to occur at or towards the end of the clause.
  b. The focus typically appears at or towards the end of the clause.
  c. Subjects are the dependents that are the most likely to be addressee-old.
  d. Information that is familiar tends to be placed before that which is new.
  e. Information-packaging constructions tend to be restricted with respect to the range of contexts in

which they can felicitously occur.

上記 (9a) から (9d) のそれぞれの傾向について，順次説明を加えながら英文の情報構造の概観を捉えてみましょう。なお，(9e) の情報運搬構文 (information-packaging constructions) については，その詳細を 3.2 節で述べることとします。

2.2.1. 文末重点の原則

まず最初に，(9a) についてですが，これは，Quirk et al. (1985: 1361-62) が指摘する，いわゆる文末重点 (end-weight) と呼ばれる (10) のような原則に相当し，典型的には (11) に例示されます。

(10) 文末重点の原則 (principle of end weight)：
 構造上，より複雑で長いものを文末に移動せよ。
(11) a. She visited him that very day.
 b. She visited her best friend that very day.
 c. She visited that very day an elderly and much beloved friend.

すなわち，(11a) における目的語の him が (11b) の比較的重みのある名詞句から (11c) のさらに重みのある長い名詞句になると，その位置ではぎこちなく響き，バランスを失ってしまいます。よって，重みのある長い，場合によっては複雑化された構成素は文末に移動されるとする原則です。[2]

---

[2] Quirk et al. (1985: 1362) では，That very day, she visited ... がより好まれる語順であると指摘しています。

また，(12a) における attribute の目的語は，関係節を含んだ複合的な名詞句（complex NP）であり，結果的には重い名詞句（heavy NP）とも言えます。このような場合に，(12b) に示される通り，(10) の原則に従うべく，目的語を文末へ移動（複合名詞句移動）させなければなりません。

(12) a. ?He attributed the fire which destroyed most of my factory to a short circuit.
      （彼は，私の工場の大半が焼失した火事の原因がショートであるとしました）
   b. He attributed to a short circuit the fire which destroyed most of my factory.　　（有村ほか (1999: 190)）
(13) a. The claim that the rain caused the accident was made by John.
      （雨が原因でその事故が起きたという主張はジョンによってなされました）
   b. The claim was made by John that the rain caused the accident.
(14) a. That John couldn't control his car is obvious.
      （ジョンが車をコントロールできなかったのは明白です）
   b. It is obvious that John couldn't control his car.

同様に，(13) と (14) においても，(10) の原則を満たすべく，(13b) の場合には主語位置の名詞句の一部を成す that で始まる同格節を文末へ移動（名詞句からの外置）することができ，(14b) の場合には主語位置の that 節全体を文末に移動し，本来の主語位置に虚辞の it が用いられる，いわば，it 外置（*it*-extraposition）が適用可能です。

2.2.2. 文末焦点の原則

次に (9b) についてですが，これも Quirk et al. (1985: 1356-57) が指摘する (15) のような文末焦点 (end-focus) の原則に相当します。

(15) 文末焦点の原則 (principle of end focus)：
重要なもの，あるいは焦点 (Focus) と見なされるものを文末に移動せよ。

上記の原則は，情報構造上の原則であり，文中，新情報を表すもっとも重要な構成素，すなわち焦点が文末に置かれるとされるものです。このことは，音声言語において，通例，文末に音調の核が現れることからも明らかです。次例 (16) と (17) では，通常は音調の核を担うことのできない (16a), (17a) におけるそれぞれの主語，her mother / John を (15) の原則に従って焦点とすべく文末に移動し，前置詞句，あるいは副詞句を文頭に移して得られた結果が，それぞれ (16b) と (17b) です。

(16) a. Her mother sat in front of her.
b. In front of her sat her mother.
(彼女の前に座ったのは，お母さんだった)
(17) a. John walked into the room.
b. Into the room walked John.
(部屋へ歩いて入ってきたのはジョンだった)

一般に，主語は旧情報を担って焦点要素とはなり得ないのですが，(16b) や (17b) のように主語を文末に移動した構文を用いることによって，それぞれの和訳からも明らかなように，主語が焦点と成り得るような効果が得られるのです。

ここで，文末に近い要素ほど新情報で重要なもの，すなわち焦点となりやすいとする (15) の原則を，次の (18) を用いて考えてみましょう。

(18) [We are going to [play [soccer]]].
 a. What's on today?　[We are going to play soccer].
 b. What are we going to do today?　We are going to [play soccer].
 c. What are we going to play today?　We are going to play [soccer].

上記の例から分かることは，文末の soccer に無標の音調核が与えられると，角括弧が示すと通り，それを含む3通りの言語単位が新情報を担い，その数だけ意味解釈の曖昧性が生じるということです。つまり，(18a) の疑問文の答えとしては文全体が，(18b) の場合は play soccer が，そして (18c) では soccer が，それぞれ新情報となるのです。この意味解釈の曖昧性の中に，新情報を担う確率の順次性を見ることができます。すなわち，角括弧の中には，文末の要素である soccer がいずれの場合にも含まれており，それは常に新情報を担います。そして，順次，文頭に近い要素ほど新情報である度合いが低くなるということです。裏を返せば，文頭の要素ほど旧情報を担いやすいということにもなります。

　さらに，(15) の原則によって説明可能な事象として，以下の (19) を挙げることができます。

(19) a.??The book was written by him.
   (→ The book was written by John.)

b. ??I gave a boy the book.
　　　（→ I gave the book to a boy. / I gave John a book.）
　c.　Yesterday the government put out a new statement/ *it.
　d.　Leave out HIM, but invite HER.

(以上，村田 (1982: 190-191))

(19a) にせよ (19b) にせよ，最初の文は，普通の音調では文末に強勢を置き難い代名詞 him や定名詞句 the book であるために，不自然となります。矢印の右側の文が示す通り，(15) の原則に従うべく，文末の him を固有名詞の John に代えたり，the book の文末位置に新情報を担う不定名詞句を置くことにより，自然な文が得られます。同様に，(19c) は，What did the government put out yesterday? を想定した応答文であり，文末焦点の原則通りに文末の a new statement は新情報を担って適格です。これを，旧情報を担っている it のような代名詞に置き換えることはできません。もちろん，(19d) のように，代名詞に対比強勢（大文字で表示）が与えられれば，それ自体が焦点となって (15) の原則が満たされることは言うまでもありません。

　ところで，高見 (1997) も指摘するように，非英語母語話者の学習者にとって，英語母語話者が不自然，または容認不可能であると判断する表現を知ること，さらには非文との判断を導くメカニズムを理解することは非常に有益です。ちょうど，医者が病人を診察することによって，健康な人の身体がどのように機能しているかを理解するがごとく，たとえば，(19) に見られた不適格な文を観察することによって，適格な文の背後にある (15) のような制約や原則が見えてくるのです。

2.2.3. 主語は既知情報

(9c) については，一般に，言語表現の線状的な流れの中で，発話は，すでに聞き手に知られていると話し手が判断する部分に，聞き手に知られていない，あるいは新たに提示しようと話し手が判断する部分を加えることで，進行すると捉えることができます。よって，通例，文頭に位置する主語が，聞き手に既知の情報をもっとも担いやすいということになります。

(20) a. The box is empty.
　　 b. ?A box is empty.
　　 c. A box is a container.

(20a) の主語は，旧情報であることを示す定名詞句なので，理解が楽であるのに対して，(20b) の主語は，通常新しい情報を示すことの多い不定名詞句であり，特殊な文脈を考えなくてはならず，その分，不自然です。ただし，(20c) は，主語が不定名詞句ではあっても，「箱は入れ物である」といった総称的な解釈の道が開かれているので，不自然とはなりません。

また，(21a) も，(9c) の一般的傾向に反して，いきなり新情報が提示されているために不自然に響きますが，安藤・澤田 (2001) も指摘するように，新情報が文頭にくるという唐突さを避けるために，(21b) のように文頭に形式主語 there を置いて，少しでも新情報を後ろに回すのが there 構文の重要な役割であるといえます。

(21) a. ?A book is on the table.
　　 b. There is a book on the table.

(22) a. A girl came into the room.
　　b. A fly settled on his hair.

なお，(22) において，不定名詞句が主語として許容されるのは，安井 (1978) が述べているように，あるものが現れてくることを示す，いわゆる「出現動詞」が述語動詞として使われているからです。

2.2.4. 情報の流れの原則

　一般に，発話文において，聞き手が知っていると思われることから話を始め，それから知らないことを導入するという順序が自然であるということは，容易に想像できます。(9d) は，いわば「情報の流れの原則」とでも呼べる (23) のような原則に相当します。

(23) 情報の流れの原則 I (Principle of Information Flow I)：
　　　談話 (discourse) は既知から未知へと流れていくのが自然であるため，できるだけ旧情報を前に置き，新情報を後ろに置こうとする強い傾向が見られる。

たとえば，通常の音調で発話した場合，(24a) は，(23) に従って主語の John が旧情報であるのに対して，目的語の Mary は新情報であると解釈されます。

(24) a. John kissed Mary.
　　b. ジョンはメアリーにキスした。

　ところが，(23) の原則に従わない場合があります。

(25) a. JOHN kissed her. （← Who kissed Mary?)
　　 b. ジョンがメアリーにキスした。

(25a) では，括弧内の疑問文が想定された場合に，その応答文では John が答えなので焦点となり強勢（大文字で表示）が置かれ，(23) の原則に反して，主語の John が新情報を，既出の Mary を受ける目的語の her は旧情報を担っています。したがって，(23) の原則とは別途に，強勢の置かれる要素はその位置にかかわらず，新情報と解釈されるようになります。[3]

ところで，神尾・高見 (1998) では，旧情報／新情報という区分は，聞き手が知っているかいないかという二項対立的な区分であるのに対して，重要度の高い／低い情報というのは，情報の種類に程度を設けた相対的な区分であるとして，(26) を主張しました。

(26) 情報の流れの原則 II (Principle of Information Flow II)：[4]
　　 英語の文の情報構造は，一般に，重要度の低い情報から重要度の高い情報へと流れ，文末の要素が最も重要度の高い情報である。　　　　　　　　　　（神尾・高見 (1998: 121)）

文中のどの要素が重要度の高い／低い情報となるかは，その要素が代名詞（低い）や否定の対象（高い）であったり，あるいはそ

---

[3] なお，(24b) の「は」と (25b) の「が」のそれぞれの用法についてについては，2.1 節を参照してください。

[4] 高橋・福田 (2001: 138) では，「情報配列の原則」と称して，次のように述べられています。「重要度の低い情報を文頭にできるだけ近い位置に置き，重要度の高い情報を文末にできるだけ近い位置に置く。」

の要素が生じる文脈，さらには社会常識など，多くのものに依存していますが，基本的には，特別な理由がない限り，文末の要素ほど重要度が高くなるという情報の流れの原則 II に依存しています。

また，高見 (1995: 247-248) では，日英語の後置文を考察し，両言語の情報構造を (27) のように提示しています。つまり，英語の文の情報構造は，旧情報から新情報へという情報の流れの原則に従って，基本語順では焦点が文末に生じるのに対して，日本語の文の情報構造は，動詞の直前の要素が文の焦点となる，というものです。

(27) 英語と日本語の文の情報構造

 a. 英語： [S V | O]
         より重要度が高い

 b. 日本語： [S O | V]
         より重要度が高い

そこで，たとえば，次の (28) を考えてみると，この文は，括弧内の日本語訳でも明らかなように，昨年 (last year) を焦点と取るか，京都へ (to Kyoto) を焦点とするかで，2 通りに曖昧です。

(28) I went to Kyoto last year.

 （私は京都へ昨年行きました／私は昨年京都へ行きました）

 a. When did you go to Kyoto? →

   I went to Kyoto last year.
      より低い   より高い

b. Where did you go last year? →
   I went to Kyoto　　　　last year.
   　　　　　より高い　　　より低い
   = Last year, I went to Kyoto.

ところが，(28a) の when で始まる質問に対する答えとしては，last year が重要度が高い情報（つまり焦点）となり，既知の Kyoto は重要度がそれより低くなります。また，(28b) の where で始まる質問に対しては，Kyoto が重要度の高い情報となり，既知の last year は重要度がそれより低くなります。この場合，last year を前置した文に言い換え可能であり，Last year, I went to Kyoto. 自体はもはや曖昧ではなく，to Kyoto を焦点とした解釈のみとなります。ここで注意すべきことは，(28b) の答えとして，重要度が低い last year が文末にあって，すでに見た (26) の「情報の流れの原則」に違反しているにもかかわらず，不自然さはない，ということです。これについては，久野 (1978) において提案された (29) によって説明されます。

(29) 談話法規則違反のペナルティー：
　　　談話法規則の「意図的」違反に対しては，そのペナルティーとして，不適格性が生じるが，それの「非意図的」違反に対しては，ペナルティーがない。

(28b) の I went to Kyoto last year. は，一見すると「情報の流れの原則」に違反していますが，last year という時の副詞句は，基本語順を導くために仕方なく文末に置かれたのであり，それは「非意図的」違反なので，ペナルティーとしての不適格性は生じないのです。

2.3. 話し手の視点

2.3.1. 共感度 (empathy)

次に,英語学・言語学の研究成果を積極的に文法指導に活用するという立場から,コミュニケーションと文法との隔たりを埋めるべく,久野 (1978, 1987) などを中心とした一連の研究で提案された共感度 (empathy),あるいは話し手の視点 (viewpoint) にかかわる原理・諸制約を,具体的な例を用いて説明してみましょう。

まず,Kuno (1978) では,共感度という概念を (30) のように定義付けています。

(30) 共感度:
文中の名詞句 X の指示対象に対する話し手の自己同一視化を共感と呼び,その度合,即ち共感度を E(X) で表す。共感度は,値 0 (客観描写) から値 1 (完全な同一視化) までの連続体である。

さらに,久野は談話法上の基本原則として,次の (31) の制約を提示しています。

(31) 視点の一貫性:
単一の文は,共感度関係に論理的矛盾を含んでいてはいけない。

(31) の制約は,ある一つの出来事を捉える写真撮影にたとえると,いわば,単一の文を作るのに,単一のカメラアングルしか持ち得ない,つまりカメラを 2 台,あるいはそれ以上使ってはいけない,という制約です。

第 2 章　機能的アプローチの重要概念と情報構造　　39

　そこで，次の四つの例文を，(33) の図を使って考えてみましょう。

(32) a.　John loved Mary.
　　 b.　John loved his wife.
　　 c.　Mary's husband loved her.
　　 d.　*Mary's husband loved his wife.

(33)

```
       John        ⇒   loved   ⇒       Mary


     (B)                                     (C)


                        (A)
```

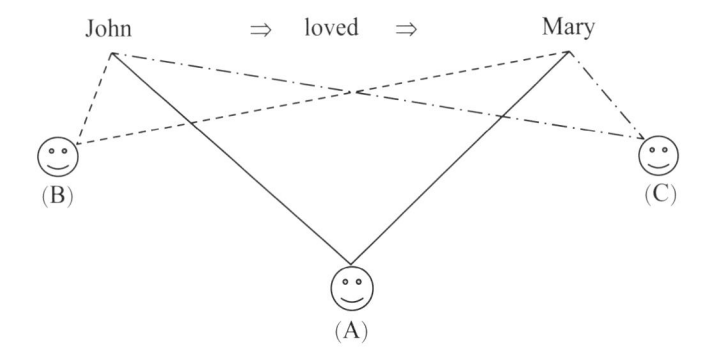

仮に，John と Mary が夫婦であるとすると，(32a-c) の三つの例文は，すべて論理的内容を同じくしますが，共感度関係において，つまり話し手の視点という点で異なっています。まず，(32a) では，話し手のいわばカメラ・アングルが John からも Mary からも等距離である (33A) の位置 (E(John)＝E(Mary))，あるいは John 寄りの (33B) の位置 (E(John)＞E(Mary)) であっても，逆に Mary 寄りの (33C) の位置 (E(John)＜E(Mary)) であっても構いません。

　他方，(32b) は，Mary を指すのに his (＝John's) wife という

John 中心の表現を用いているので，John 寄りのカメラ・アングル (33B) (E(John) ＞ E(Mary)) が作り出した文であると考えられます。つまり，以下のような視点決定の階層を設定できます。

(34) 対称詞の視点階層：
E（対称詞 x）＞ E（対称詞 x に依存する対称詞 f(x)）

(34) において，**対称詞 X（たとえば John）と X に依存する対称詞 f(x)（たとえば John's wife）がある場合，話し手の X と f(x) に対する共感度に (34) のような共感度関係が成立する**ということです。また，(32c) は，John を指すのに Mary's husband という Mary 中心の表現を用いているので，(34) の視点階層から Mary 寄りのカメラ・アングル (33C) (E(John) ＜ E(Mary)) が作り出した文であると考えることができます。ところが，(32d) は，John を Mary's husband と表現して Mary 寄りのカメラ・アングルを取りながら，同一の文において今度は Mary を his wife と表現して John 寄りのカメラ・アングルを取り，カメラを 2 台使って映し出した文ということになり，以下のような共感度関係を持つことになります。

(32d)　対称詞の視点階層：　E(Mary) ＞ E(Mary's husband (=John))
　　　対称詞の視点階層：　E(John) ＞ E(his wife (=Mary))
　　　∴ *E(Mary) ＞ E(Mary's husband (=John)) ＞ E(his wife (=Mary))

このような共感度関係は，明らかに (31) の制約に抵触しています。よって，(32d) は非文である判断されるのです。

久野 (1987) では，さらに (35) から (39) に見られるような視点階層が提案されています。

(35) 表層構造の視点階層：E（主語）＞E（他の名詞句）
   a. When Mary criticized John, she was slapped by him on the face.
      (メアリーがジョンを批判したら，彼女は彼に顔を殴られた)
   b. *When John was criticized by Mary, she was slapped by him on the face.
      (*ジョンがメアリーに批判された時に，彼女は彼に顔を殴られた)
(36) 発話当事者の視点階層：E（話し手）＞E（他人）
   a. I was hit by John.（私はジョンに叩かれた）
   b.??John was hit by me.（??ジョンは私に叩かれた）
(37) 談話主題の視点階層：E（談話主題）＞E（新登場人物）
   a. John hit a passer-by.（ジョンはある通行人を殴った）
   b.??A passer-by was hit by John.
      (??ある通行人がジョンに殴られた)
(38) 語順の視点階層：E（左側名詞句）＞E（右側名詞句）
   a. John and his sister went to Paris.
      (ジョンと彼の妹はパリへ行った)
   b. *John's sister and he went to Paris.
      (*ジョンの妹と彼はパリへ行った)
(39) 人間性の視点階層：E（人間）＞E（非人間有生物）＞E（無生物）
   a. John read *Hamlet*.（ジョンはハムレットを読んだ）
   b.??*Hamlet* was read by John.
      (??ハムレットがジョンに読まれた)

(35)から(39)の各種視点階層は,話し手が誰,あるいは何寄りのカメラ・アングル(すなわち視点)を持ちやすいのかを規定したものです。たとえば,(35)は,**実際の発話において,話し手が他の名詞句よりも主語寄りの視点を取りやすいことを規定しています**。この視点階層が(35b)の副詞節と主節の両方の受身文に関与し,副詞節では主語の John 寄りの,主節では主語の she (=Mary) 寄りの視点を取り,二つの共感度関係は相矛盾します。

(35b)　表層構造の視点階層:　　E(John) > E(Mary)
　　　　表層構造の視点階層:　　E(she(=Mary)) > E(him(=John))
　　　　　　　　　　　　　∴ *E(John) > E(Mary) > E(John)

このような関係は,明らかに(31)に違反し,よって(35b)は不適格となるのです。対応する日本語についても,これと同様の説明が可能となります。

　以下同様に,(36b)から(39b)がなぜ不適格な文となるのかの説明を試みてみましょう。(36)については,**話し手が当然のことながら他人よりも話し手自身の視点を取りやすいことを規定**しています。この発話当事者の視点階層により,(36b)においては me(私に)寄りの視点が得られ,一方では表層構造の視点階層によって主語である John(ジョン)寄りの視点が得られることから,以下のような矛盾した共感度関係が得られます。

(36b)　発話当事者の視点階層:　　E(me) > E(John)
　　　　表層構造の視点階層:　　　E(John) > E(me)
　　　　　　　　　　　　　∴ ??E(me) > E(John) > E(me)

そのために,(31)の「視点の一貫性」に違反して不適格であると

説明されます。(37) は，**談話主題が他の新登場人物よりも，話し手の視点が得られやすい**ことを規定しています。ところが，(37b) では，この談話主題の視点階層によって，新登場人物の主語 a passer-by（ある通行人）よりも談話主題である John（ジョン）寄りの視点が取られる一方で，表層構造の視点階層により，主語の a passer-by 寄りの視点も取られることになります。

(37b)　談話主題の視点階層：　E(John) > E(a passer-by)
　　　　表層構造の視点階層：　E(a passer-by) > E(John)
　　　　　　∴ ??E(John) > E(a passer-by) > E(John)

よって，矛盾した共感度関係が得られ，(31) の制約によって不適格と判断されるのです。

さらに，(38) は，**接続詞 and の左側名詞句と右側名詞句とでは，話し手の視点が前者寄りの視点を取りやすい**と規定しています。ところが (38b) では，この語順の視点階層によって左側名詞句の John's sister（ジョンの妹）寄りの視点を話し手が取るのに対して，John's sister という表現自体は (34) の対称詞の視点階層により，明らかに John が中心の John（ジョン）寄りの視点となる表現です。

(38b)　語順の視点階層：　E(John's sister) > E(he(=John))
　　　　対称詞の視点階層：E(John) > E(John's sister)
　　　　　　∴ *E(John's sister) > E(John) > E(John's sister)

よって，上記のような矛盾した共感度関係がえられ，これもまた (31) の制約にしたがって不適格と判断されます。

最後に，(39) の人間性の視点階層は，**人間が他の非人間有生物，さらには無生物よりも，話し手の視点が得られやすい**ことを規定しています。(39b) では，表層構造の視点階層によって，受動文の主語である *Hamlet*（ハムレット）という作品に話し手の視点が置かれるのに対して，人間性の視点階層により，今度は作品である無生物の *Hamlet* ではなく，人間の John（ジョン）に話し手の視点が置かれます。

(39b) 表層構造の視点階層： E(*Hamlet*) > E(John)
 人間性の視点階層： E(John) > E(*Hamlet*)
 ∴ ??E(*Hamlet*) > E(John) > E(*Hamlet*)

このことから，矛盾した共感度関係が生じて，(39b) は不適格と判断されるのです。

以上の通り，(35b)–(39b) それぞれの日英語文の不適格さについては，それらの文が，相矛盾する二つの共感度関係を持つために，(31) の制約に抵触するからであると説明されます。

(35) から (39) において，日英語のそれぞれの (a) 文が適格であるのに対して，なぜ日英語の (b) 文が非文となってしまうのか，いずれにおいても謎が残ってしまいます。しかし，話し手の視点，すなわち共感度（empathy）という概念を導入し，その観点からこれらの文法事象を観察すると，見事にその謎が解き明かされることに気づきます。

2.3.2. 直示的（deictic）な表現

話し手の視点は，当然のことながら直示的な表現とも密接なかかわりを持ちます。たとえば，this と that というような直示表現

について考えてみると，that と比較して this は，意味上，話し手に近い距離にあるものを指示します。したがって，話し手は this の指示物に共感化しやすくなります。言い換えるならば，this の指示物寄りの視点を取りやすくなります。以上のことを考慮に入れて，次の例文を考えてみましょう。

(40) a. This/That really is a difficult problem.
　　 b. This/That is a difficult problem you have.

(40a) では，this によって話し手自身の，あるいは話し手自身が我が事のように思う問題であることが含意されるのに対して，that にはこのような含意は無く，通常，他人の問題であると解釈されます。また，(40b) の this によって，話し手がその指示される事柄に対し我が事のように共感し，相手に助けを差しのべるような状況が描写されます。このような this によって表される含意は，話し手が this の指示物寄りの視点を取ることを考慮に入れると，いっそう納得が行くことだろうと思います。

　また，come と go などの動詞もダイクシスにかかわり，話し手との距離関係を意味します。つまり，come は，概略，話し手のいるところへの移動を意味し，go は，話し手のいないところへの移動を意味します。したがって，come については，話し手は到着点寄りの視点を取りやすくなります。このことを考慮に入れると，(41) の各例文の意味がいっそうよく理解できます。

(41) a. Are you going to come/go to the beach party tomorrow?
　　 b. He came/went home around midnight.
　　 c. The plane came/went down near the lake.
　　 d. I'll come/go there right away.

(すぐにそこへ*来ます／行きます)

まず，(41a) で come が使われると，話し手の視点は到着点の the beach party 寄りとなり，話し手自身も party に行くつもりであることが読み取れます。また，(41b) では，come が用いられると到着点寄りの視点が得られるために，midnight は到着時を表すことになり，go では逆に出発時が表されることも自然に理解できます。さらに，come は，話し手の到着点寄りの視点を表すので，その移動の結果として話し手にとって「好ましい状態の変化」であることが当然期待されます。したがって，(41c) において come down を用いると不時着を表し，逆に go down では墜落となってしまうことも納得が行きます。ただし，英語の come には，話し手のいるところへの移動だけではなく，聞き手のいるところへの移動を表す場合もあることに注意しなければなりません。たとえば，相手から助けを求められたときに come を用いて (41d) のように表現することができます。仮に (41d) において go が用いられると，相手を助けるのを拒否して他のところへ行ってしまうことが表されることになります。ちなみに，日本語の「来る」は，話し手のいるところへの移動だけを意味するために，(41d) で come が用いられる状況では，一部の方言を除いては，通常，「来ます」は使えません。[5]

Come や go 以外にも，ダイクシスにかかわる動詞として，たとえば bring や take などが上げられ，これらの動詞に関しても

---

[5] 日本語でも，方言（特に，日本海沿岸や九州，沖縄など）によっては，話し手の視点を聞き手に移せる場合が存在します。
 (i) 今夜，お前げに来るけん。(＝今夜，あなたのお宅へ行きます。)

come や go と同様に，話し手の視点という観点に立った取り扱いが可能です。

2.3.3. 視点動詞

次に，come（来る）や go（行く）などの動詞以外にも，動詞の意味自体に話し手の視点を読み取ることのできる，いわゆる視点動詞について少し考えてみましょう。たとえば，次の (42a) は，これらの動詞の意味に話し手の主語寄りの視点を読み取ることができる動詞表現のリストです。他方，(42b) は，意味上，主語以外の指示物に話し手の視点が近づくことを表す動詞表現のリストです。[6]

(42) a.　E（主語）＞ E（非主語）
　　　　英語：　　meet などの相互動詞，receive from, hear from, go up to, など
　　　　日本語：　やる（てやる），もらう，など
　　b.　E（非主語）＞ E（主語）
　　　　英語：　　come up to, など
　　　　日本語：　くれる（てくれる），よこす，など

ここで，注意が必要と思われるのは，日本語の「やる」「くれる」，あるいはその補助動詞である「〜してやる」「〜してくれる」についてです。たとえば，次の (43a) と (43b) を日本語で言う場合，日本語母語話者であれば「やる」と「くれる」の選択は直感的にできます。

---

[6] (42) のリストに関しては，Kuno (1978: 181-188) を参照してください。

(43) a. I gave a book to Mary.

(メアリーに本をやった／*くれた)

b. Mary gave a book to me.

(メアリーは本を*やった／くれた)

c. John gave a book to Mary.

(ジョンはメアリーに本をやった／くれた)

しかし，(43c) のように「やる」と「くれる」がどちらも許容されると，どのような場合にどちらが選択されるのかの説明が必要となります。まず，「やる」に関しては，話し手が主語 (John) 寄りの視点を取る必要上，John 自身が話し手にとって視点を置きやすい，あるいは共感化しやすい人物でなければなりません。したがって，John が話し手と，たとえば兄弟であったり息子であったりする場合に「やる」が選ばれることになります。逆に，「くれる」の場合は，主語以外の名詞句 (つまり，Mary) に話し手の視点を置く必要上，Mary が話し手と姉妹の関係にあったり娘であれば「くれる」が選ばれることになります。結局，(45c) は，話し手が John 寄りの視点を取る場合と Mary 寄りの視点を取る場合，さらには John, Mary のいずれにも片寄らない「与える」という解釈を加えるならば，3 通りの曖昧さを持つことになります。これと全く同様のことは，次の (44) でも示されるように，「〜してやる」や「〜してくれる」などの補助動詞についても言えます。

(44) a. I helped John.

((私は) ジョンを助けてやった／*てくれた)

b. John helped me.

(ジョンは (私を) 助けて*やった／くれた)

c.　John helped Mary.
　　　　（ジョンはメアリーを助けてやった／くれた）

つまり，(44c) では，話し手の視点が John 寄りの「助けてやった」という解釈，Mary 寄りの「助けてくれた」という解釈，さらにいずれにも片寄らない「助けた」という解釈の 3 通りが可能です。このように，(43c) や (44c) においては，解釈の決定に際して話し手の視点という概念が重要な役割を担っていることは明らかであり，このような例文の日本語訳の工夫の一助になると思われます。

第 3 章

機能的概念の活用と情報運搬構文

第2章では，機能的アプローチの重要概念や情報構造上の原則を取り上げて，具体的な例を用いながらそれらの説明を試みてみました。本章では，これらの機能的な概念や原則を活かして，3.1節においては英語の関係節構文を，3.2節では Huddleston and Pullum (2002) の言ういわゆる情報運搬構文 (information-packaging constructions) をそれぞれ検討し，英語教育，とりわけ英文法指導において機能的アプローチの概念や情報構造上の原則が有効に働き得ることをみてみましょう。

3.1. 関係節構文の機能的アプローチ

従来，学校文法では，関係節構文の導入に際して，二文を一文にする指導法が取られてきました。たとえば，(1a) のような二文を (1b) のような関係節構文に書き換え／言い換えさせる指導法です。

(1) a. I have an uncle. / He lives in Hakodate.
    b. I have *an uncle* [who lives in Hakodate].

また，関係節の形容詞的機能を示すために，(1b) の矢印からも明らかなように後ろから訳していく，いわゆる「訳し上げ」の指導法も取られてきました。

本節では，「二文結合」と「訳し上げ」の指導法にはそれぞれ問題があることを指摘し，両者それぞれに取って代わるべき指導法

を検討します。特に，「訳し上げ」の代案を求めるのに際しては，Kuno (1973, 1976) で提唱された「主題制約」を理論的背景に据えて，関係節構文の運用面の向上に直結するような代案を提示したいと思います。

3.1.1.「二文結合」と「訳し上げ」の問題点

二つの文を結合して一つの文にする，いわば「二文結合」という指導法，あるいは「訳し上げ」という指導法は，学校文法においてもこれまで広く用いられてきているものであり，それだけに捨て難い面のあることも事実ですが，以下では，両指導法の問題点をいくつか取り上げ，検討を加えてみたいと思います。

まず，「二文結合」に関しては，そもそも二文を一文にしたいのであれば，等位接続詞の and, or, but などを使って文を繋いでもいいのであり，関係代名詞を使用して文を連結する必然性がありません。学習者の立場になって考えてみても，なぜ二文を常に一文にするのかという素朴な疑問が生じるでしょう。また，次の (2) を考えてみてください。

(2) a. The bird sings sweetly. / I caught it in the garden.
　　b. The bird (that) I caught in the garden sings sweetly.

通常，(2a) が適格な発話となるためには，先行談話の中で the bird についての言及がなされていなければなりません。すなわち，この場合の the は前方照応的な (anaphoric) 定冠詞とみなすことができます。他方，(2b) の定冠詞 the は，[bird (that) I caught in the garden] 全体に付けられていると考えられ，明らかに後方照応的な (cataphoric) 定冠詞と解することができます。

したがって，(2) において二文を一文に結合した場合，元の二文とでき上がった結合文とは必ずしも同義であるとは言えません。同様のことは次の例についても言えます。

(3) a.　John has a friend. / She became a teacher.
　　b.　John has a friend who became a teacher.

(3a) では，a friend の性別が she で受けてあることから女性であることは明白ですが，(3b) の結合文では，性の区別は表現されずに消失してしまい，元の二文に比べて明らかに情報量が減ってしまいます。このように，(2) や (3) に見られるような結合文への書き換えは，意味を無視した機械的なものであり，学習者の語学的なセンスを育てる上で返って障害となるように思えます。さらに，小寺 (1990) が指摘するように，次例では二文の結合という操作によって，関係代名詞が受ける先行詞自体の意味内容に変容をきたしてしまっています。

(4) a.　This is one of the pictures. / Father painted it.
　　b.　This is one of the pictures Father painted.
(5) a.　Mr. Brown is a teacher. / Everyone likes him.
　　b.　Mr. Brown is a teacher (whom) everyone likes.

つまり，(4a) のような二文が与えられると，通例，(4b) のような関係節構文が予想されますが，前者では代名詞 it が one を受けているにもかかわらず，後者では先行詞が one ではなく関係節と隣接の the pictures であると解されてしまいます。同様に，(5a) では，代名詞 him は前文の主語の Mr. Brown を受けているのに対して，(5b) では，関係代名詞 whom は隣接の a teacher を

受けています。二文結合の操作によって，関係代名詞の受けるものが変わってしまうのは，このような書き換えの指導法においては不適切な例と言わざるを得ません。

　以上のような例からも，二文結合の指導法には，慎重な配慮が必要なことは明白です。さらに言うならば，この二文結合によって機械的に関係節構文を作り出す書き換え作業は，学習者の思考過程を無視した作業であり，実際の言語運用，特に production の活動とは全く異なるものであるように思われます（馬場 (1991: 167) を参照）。

　次に，「訳し上げ」の指導法について検討を加えてみましょう。まず，英語と日本語の語順を比較した場合，言語類型的には日本語が OV 言語，すなわち動詞が目的語の後に現れる言語であるのに対し，英語は VO 言語，つまり動詞が目的語の前に現れる言語であることは周知の通りです（日英語の語順の相違については 1.1 節を参照）。このような言語間では，関係節構文においても (6) のように，名詞句と関係節との位置関係がまったく逆になります。

(6) a.　名詞句＋関係節：
　　　 I have an uncle [who lives in Hakodate].
　 b.　関係節＋名詞：
　　　 私には，[函館に住んでいる] おじがいます。

そして，関係節が名詞句の後（すなわち右）に現れるという英語の特性が，英語自体を右枝分かれ (right-branching) 的言語にし，関係節が名詞句の前（すなわち左）に現れるという日本語の特性が，日本語を基本的には左枝分かれ (left-branching) 的言語にしています（Kuno (1973: 6-8) を参照）。

このような両言語の語順上のいわば鏡像関係こそが、初期の英語学習者がとりわけ関係節構文のような後置修飾を苦手とする理由を浮き彫りにしているように思われます。従来、学校文法では、関係節の後置修飾としての働きに焦点が置かれたために、(1b) のような矢印を用いて後ろから訳していく「訳し上げ」の指導法が取られました。しかし、情報処理という観点からは、相手の言う言葉を言葉が発声される順に処理しているはずなのに、この「訳し上げ」の捉え方は情報の流れに逆行していると言わざるを得ません。したがって、Reading に際しては、語順通りに読みながら理解していく直読直解ができなくなります。また、Listening に際しても、後戻りができず語順通りに聞いていくしかないために、関係節構文の聞き取りはますます困難なものとなります。よって、関係節運用の向上を図るためには、このような訳し上げの指導法にできるだけ頼らない方法を模索する必要性が生じてきます。

3.1.2. 代案

前節では、二文結合と訳し上げの問題点を指摘しましたが、次にそれぞれの指導法の代案を検討してみましょう。

3.1.2.1. 名詞句の拡張

まず、二文結合に取って代わる指導法としては、関係節構文をあくまでも「名詞句の拡張」として捉える指導法を提示したいと思います。従来、変形生成文法の標準理論においても、関係節構文は「NP → NP + S」のような名詞句を拡張する句構造規則を用いて派生させた経緯があります。ここで重要なことは、このようにして派生された関係節構文を、次の (9) に示すような明示性

(Explicitness) の度合の中に位置づけることです (Quirk et al. (1985: 1243-44) を参照)。

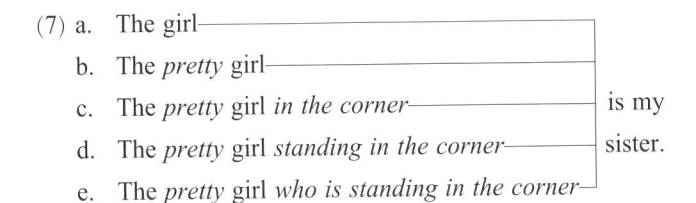

(7) a. The girl───────────────────────┐
    b. The *pretty* girl────────────────────┤
    c. The *pretty* girl *in the corner*────────────┤ is my
    d. The *pretty* girl *standing in the corner*────────┤ sister.
    e. The *pretty* girl *who is standing in the corner*──┘

つまり、(7a) の the girl という一つの名詞句から始まり、前置／後置修飾句が付加され、順次、(7b) から (7e) へと進んで名詞句が拡張されるにつれて、その名詞句の明示性も高まり、(7e) の関係節構文は、明示性の最も高い表現であると言えます。従来、初期の変形生成文法では、(7e) を基本的な構造と捉え、そこから逆に (7d) や (7c) を派生させたり、(7b) についても、その基底を the girl who is pretty と考え、そこから (7b) を作り出すということをしてきました。しかし、「明示性の低いもの」から「明示性の高いもの」へという流れは、まさしく「単純なもの」から「複雑なもの」へという教材提示の原則に合致します。[1]

要するに、二文結合の指導法に取って代わる案として、関係節構文をあくまでも名詞句の拡張として捉え、さらにこの構文を (7) の明示性の度合の中に位置付け、明示性の低いものから高い

---

[1] 実際、現在使用されている中学校の英語教科書（たとえば、*New Horizon English Course 3* など）を調べてみると、後置修飾句の導入順序は、(7) に例示されるような明示性の低いものから高いものへの流れ (i) に一致しています。
  (i) NP + PP ⇒ NP + to-V/V-ing/V-ed/Adj ⇒ NP + S (Contact Clause) ⇒ NP + S (Relative Clause)

もの，すなわち，簡単なものから複雑なものへの流れに沿って，教材提示がなされるべきことを示したことになります。

3.1.2.2. 主題制約

次に，「訳し上げ」に代わり得る方法について検討してみます。Kuno (1973) では，日本語の関係節構文に関して，(8) のような制約が提示されました。

(8) 主題制約：
　　関係代名詞化される名詞句は，関係節の主題である。

従来，日本語の関係節構文は，たとえば (9a) のような表現を基底にし，同一名詞句削除を適用して (9b) を導き出しました。

(9) a. [太郎がその本を読んだ] 本
　　b. 太郎が読んだ本

しかし，Kuno (1973) では，(8) の仮説を踏まえて次の (10a) のような基底構造を設定し，同一名詞句削除を適用して (10b) を得た後，今度は関係代名詞化，つまり，主題の削除というプロセスを経て，最終的には (10c) の関係節構文が導き出されるとしました。

(10) a. [その本は [太郎がその本を読んだ]] 本
　　 b. [その本は，太郎が φ 読んだ] 本
　　 c. 太郎が読んだ本

ここで重要な点は，主題化と関係節化との類似性です。日本語では，主題は助詞の「は」でマークされ，たとえば次の (11a) では

「その人」が主題であり，よって，(11b) のような「人」を主要名詞とする適切な関係節構文が得られます。[2]

(11) a. その人は，この本を書いた。
(The person wrote this book.)
b. [この本を書いた] 人
(the person who wrote this book)

そこで，Kuno (1976) では，日本語の関係節に対する (8) のような制約は，英語の関係節構文にも同様に当てはまるとして，英語の関係節に対して (12) の制約が提案されました。

(12) The Thematic Constraint on Relative Clauses:
A relative clause must be a statement about its head noun.

実は，この制約こそが，従来からの「訳し上げ」指導法の代案に成り得るものと考えられます。関係節構文を「訳し上げ」という情報の流れに逆行して捉えていた操作を，(12) の制約に基づいて「関係節は主要名詞（先行詞）に対する陳述である」と捉えることにより，まさしく主題化構文の場合と同様に，情報の流れに順行した操作として捉え直すことができるようになります。すなわち，(12) の主題制約は，次の (13) のように図式化できるでしょう。

---

[2] 主題化と関係節化との類似性については，日本語に限らず英語の場合においても観察できます。詳細については Chomsky (1977) を参照。

(13) Head Noun   +   Relative Clause
     (Theme)   (Statement)
         └──── Aboutness Relation ────┘

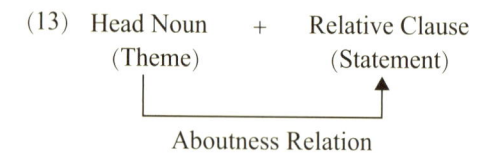

そうすることによって，情報の流れに逆行した右から左への「訳し上げ」の方向を，「主題＋陳述」という左から右への情報の流れに沿った方向に捉え直すことができることになります。

3.1.2.3. (13) の捉え方の一見，問題点

ところが，前節で提示した (13) のような関係節の捉え方には問題点があります。すなわち，関係節構文の指導に際して，「訳し上げ」の方法を取らずに，これまで見たように常に左から右へという線条的流れの中で意味を捉えようとした場合，関係節のいわゆる制限的用法と非制限的用法の区別についてはどうなるのか，ということです。

まず，日本語では周知のように，制限的・非制限的関係節の区別が外見上，存在しません。

(14) a.　哺乳動物である鯨 (the whale, which is a mammal)
　　 b.　日本海に住んでいる鯨 (whales that live in the Japan Sea)

たとえば，(14a) は，対応する英文からも明らかなように非制限的であり，(14b) は，制限的用法の関係節構文と見なすことができます。日本語の場合，コンマやポーズの有無によって外見上区別できる英語の場合とは異なって，意味的な基準によってのみ二用法の区別が可能なのです（日・英語の関係節の二用法に関する議論

については，上山 (1997) を参照)。

しかし，英語に関しても，話された場合には，制限・非制限を問わず，ポーズの置かれる可能性が生じたり，書かれた場合にも，コンマを付けるかどうかについては個人差が見られるようです。

(15) a. He had three sons who became doctors.
   b. He had three sons, who became doctors.
   c. He had three sons, and these three / all three became doctors.

実際，(15a) と (15b) は，通例，制限的用法と非制限的用法とでは，意味が異なってしまう例として挙げられますが，二つの文を英語の母語話者に提示して意味の違いを求めて見ると，即座にはその差異が思い当たらないという反応が返ってきます。(15b) の非制限節が表わすように，息子が3人しかいないという点を強調したければ，たとえば，(15c) のように表現するというのが英語母語話者の反応です。したがって，二用法の微妙な意味的差異が存在する場合でも，英語母語話者はコンマやポーズにあまり依存していないように感じられます。

また，外見上は制限的関係節であっても，「訳し上げ」よりは情報の流れに沿って捉えたほうが良い，あるいはそうしなければならない例が多数存在します。たとえば，福地 (1995) においては，外見上は制限的関係節でありながら，意味的には that 節と同じように解釈できる関係節の例が数多く指摘されています。[3]

---

[3] 福地 (1995) では，(16) のような関係節のタイプを潜伏命題 (Concealed Proposition) と呼んでいます。なお，コンマを伴わない非制限的関係節の例については，吉田 (1985: 8) や Bache and Jakobsen (1980: 245) などを参照。

(16) a. Our advisor was pleased with the headway we had made.

（指導の先生は，私たちが進歩したことに喜んだ）

b. Mary gave John a kiss that angered his mother.

（メアリーがジョンにキスしたので，ジョンの母親が怒った）

c. Parky pulled the strings that got me my job.

（パーキーが裏で動いてくれて，私は仕事を得た）

ここで注目すべきは，先行詞がいずれも特定的な解釈を持つことのできない，極めて自立性の低いものであるということです。たとえば，(16a) では，make headway というイディオムからその一部である headway が先行詞として取り上げられ，この場合，先行詞は指示機能を欠いていると言ってよいように思われます。(16b) と (16c) も，今度は主節の中にあって give a kiss や pull the strings といったイディオムを形成し，a kiss や the strings 自体は，やはり指示性が極めて低いと言えます。このような関係節の解釈に際しては，先行詞自体が意味的に自立度が低いために，(16a) のように関係節の中に埋もれてしまったり，あるいは (16b) や (16c) のように，先行詞自体が主節で表されている事柄の中に埋没してしまっています。このために制限節と言えども，それぞれの括弧内に示した和訳からも明らかなように，左から右への解釈が得られることになります。

さらに，(17a) や (18a) のような制限的関係節においても，「訳し上げ」によって得られる (17b) と (18b) は，全く不自然な日本語表現になってしまいます。

(17) a. Doctor Thomas gave her a bottle of cough mixture that she brought back with her.

b. トマス医師は，彼女が持って帰った咳止め剤のびんを女に渡した。
　　　c. トマス医師が彼女に咳止め剤を渡すと，彼女はそれを持って帰った。
(18) a. Only one of the 29 soldiers made it back to the fort where he soon died.
　　　b. 29人の兵士のうちただ一人だけ，彼が間もなく死んだ砦に戻ってきた。
　　　c. 29人の兵士のうちたった一人だけ砦に戻ってきたが，その男も間もなくそこで死んだ。

((17), (18)：成瀬 (1996: 74-75) より)

これは，主節が述べる出来事と関係節が述べる出来事が時間の流れに沿って，起こった通りに記述されているためであると考えられます。したがって，これを時間の流れに逆行して訳し上げると，(17b) や (18b) のような奇妙な訳が生じてしまいます。このような場合には，非制限節を考える場合と同様に，時間の流れ，すなわち情報の流れに沿って捉えていくと (17c) や (18c) のような自然な日本語表現が得られます。

　よって，関係節構文における二用法の区別は否定しないまでも，制限・非制限を問わず両者は一貫して (13) に示されるように，先行詞を主題，そして関係節を陳述に見立てて，左から右への言語情報の流れに沿って捉えられるべきものであると考えられます。

3.1.3. 情報追加構文

　先に 3.1.2.1 節において，関係節を機能的には一連の後置修飾

句の中の明示性の最も高いものとして位置付けるべきことを述べました。しかし、関係節構文の運用面の向上を図るためには、いったん、後置修飾という機能を払拭し、次の (19) に示した英語に特徴的な構文の一つとして位置付ける必要があるのではないかと思われます。

(19) a. This is the house / that Jack built.
(この家はジャックが建てた)
b. He struck me / on the head. (彼は私の頭を殴った)
c. The arrow hit the target / in the center.
(矢は的の真ん中に当たった)
d. It is wrong / to tell a lie.
(悪いのは嘘をつくことだ)
e. There is a small desk / near the window.
(小さな机が窓の近くにある)
f. The children are out / in the garden.
(子どもは外の庭にいる)
g. I helped her / with her homework.
(彼女の宿題を手伝った)

上記例文は、(19a) の関係節構文を含め、いずれも情報処理上、左から右への情報の流れに順行した、いわば「情報追加構文」と呼べるような例です。この構文は、山田 (1979) も指摘するように、日本語とは違った、その意味で英語らしい特徴を加える構文の一つであり、関係節構文をこのような構文の一つに位置付けることは、大きな意味を持つように思います。なぜなら、これまで関係節を (1b) のような矢印で示されるように、その後置修飾性を強調するあまり、必然的に「訳し上げ」指導へと傾いた経緯が

あり，その流れを絶つためにも，関係節構文を「情報追加構文」の一つとして位置付けることは重要であると思うからです。

3.1.4. まとめ

以上，本節 3.1 では，関係節構文の運用向上に直結する文法を目指して，従来からの「二文結合」や「訳し上げ」の指導法を捨て，代案として，前者には「名詞句の拡張」を，また後者には Kuno (1973, 1976) の主張する主題制約を援用した (13) のような関係節構文の捉え方を示しました。また，「訳し上げ」からの脱皮を図るために，関係節構文をいわゆる「情報追加構文」の一つとして位置付けるべきことを述べました。

ことばが時間軸に沿って線条的に紡ぎ出されていくものであることを思うと，関係節構文を (13) のように左から右へと線条的流れの中で捉えることは極めて自然であると言えます。また，このような捉え方こそが，直読直解や聞き取りなどの運用面の向上にも直結するのではないでしょうか。

3.2. 情報運搬構文

前章の 2.2 節において，先延ばしをしていた (9e) に戻ると，Huddleston and Pullum (2002) が情報運搬構文として上げているのが次の (20) に示した各文です。(a) から (i) のいずれの文も，それぞれの括弧内に示した基本的な語順から，発話の伝達上の効果を上げるために，ある要素を左側に動かしたり，右側に動かしています。しかし，このようないわば有標の文が適切に生じ得る文脈には種々の制約があり，既に前章で見た機能的アプローチにおける重要概念や情報構造上の原則が密接に関わってい

(20) Huddleston and Pullum (2002: 1366)： 主たる情報運搬構文
   a. 前置文： This one she accepted. (She accepted this one.)
   b. 後置文： I made without delay all the changes you wanted. (I made all the changes you wanted without delay.)
   c. 倒置文： On board were two nurses. (Two nurses were on board.)
   d. 存在文： There is a frog in the pond. (A frog is in the pond.)
   e. 外置文： It is clear that he's guilty. (That he's guilty is clear.)
   f. 左方転位文： That money I gave her, it must have disappeared. (That money I gave her must have disappeared.)
   g. 右方転位文： They're still here, the people from next door. (The people from next door are still here.)
   h. 分裂文： It was you who broke it. (You broke it.)
   i. 受動文： The car was taken by Kim. (Kim took the car.)

(20a) から (20i) までのすべての文は，村田 (2005: 189-215) の主張する主題化と題述化のいずれか一方の適用によって得られたものと捉えることができます。主題化とは，文の要素の一部を左方に移動する諸規則をまとめたものであり，その適用結果とし

て，たとえば前置文（preposing）(20a)，倒置文（inversion）(20c)，左方転位文（left dislocation）(20f)，分裂文（cleft）(20h)，受動文（passive）(20i) 等が得られます。

一方，題述化とは，文の要素の一部を右方へ移動させる諸規則をまとめたものであり，その適用の結果として，たとえば後置文（postposing）(20b)，存在文（existential）(20d)，外置文（extraposition）(20e)，右方転位文（right dislocation）(20g) 等が得られます。(20) では，すべての例において（　）内の文が無標であり，ある要素が左方か右方へ移動された結果として，すべて有標の文が作り出されます。ここで重要な点は，主題化によって左方に移動した要素は「有標の主題」であり，題述化によって右方へ移動した要素は「有標の焦点」になるということです。以下では，話題化と題述化という観点から，(20) の例を個々に取り上げて検討を加えてみましょう。

3.2.1. 主題化

3.2.1.1. 前置文： **This one she accepted.**（**She accepted this one.**）

Huddleston and Pullum (2002) では前置文として称されている標題文 (20a) は，this one という accept の目的語を文の話題にするために，それを文頭の位置に前置することによって得られる，いわゆる話題化文です。話題化が生じるのは，先行文脈ですでに言及された人，もの，あるいは事柄を話題としてそのまま繰り返す，たとえば (21) のような場合です。

(21) A: Are you going to invite Mary?
　　　B: Oh, Mary I've already invited.

これに加えて，話題化には，その操作の結果として，次の例が示すように，新たに文末の位置に配置された要素の重要性に注目させる場合もあります。

(22) A: We have a lot of problems.
    B: Most of the problems <u>a computer could easily SOLVE</u>.[4]

この場合，下線部が重要なメッセージであり，特に文末の solve が情報の焦点と解されます。

ここで，強勢との関わりで (23) の話題化文を見てみましょう。

(23) a. <u>Really good COFFEE</u> they serve here.
    （本当に美味しいコーヒーがね，飲めるんだよここで）
   b. <u>That new movie</u> I have already SEEN.
    （あの新作映画なら，もう見ましたよ）

(23a) では，話題として強調したい下線部を文頭に置き，COFFEE には第一強勢が与えられます。これに対して (23b) では，下線部が何についての情報であるかを予告するために文頭に置かれたもので，むしろ文末の位置を明け渡された SEEN が焦点となり，第一強勢が与えられます。

ところで，次の (24a) とその話題化文 (24b) は，なんら文脈を与えなければ，どちらも英語として間違っているわけではありませんが，最初の質問に対する答えとしては，旧から新の情報の

---

[4] 情報の焦点を大文字で表すこととします。

流れに沿った (24a) が適切な答えとなります。

(24) When did John come home?
　　a. He came home yesterday.
　　b. #Yesterday he came home.
　　　（← What happened yesterday?）

(安藤・澤田 (2001: 226))

もちろん，(24b) は，( ) 内の疑問文を想定した場合，その質問に対する答えとしてなら適格となります。なお，文脈上不適格な文を#で示します。

これと同様のことは，節レベルにおいても言えることです。一般に，時や理由などを表す副詞節は，主節に後続しても先行してもどちらでも許されます。しかし，文脈によっては，両者の順序が一方しか許容されない場合が存在します。たとえば，(25) の対話において B の発話に見られるように，時を表す副詞節が文頭に置かれるとき，その内容は，通例，旧情報です。

(25) A: What did you do when John said he would leave?
　　B: <u>When John said he would leave</u>, I left.
(26) A: When did you leave?
　　B: I left <u>when John said he would leave</u>.

しかし，(26) の対話では，A が発する質問の答えとして時を表す when 節が使われる場合には，B の発話のように，文末焦点の原則に従って，副詞節は主節に後続することになります。

3.2.1.2. 倒置文： **On board were two nurses.** (**Two nurses were on board.**)

ある要素が前置されるのに伴い，標題文のように，主語・(助)動詞の語順が逆になる構文があります。これがいわゆる倒置文と呼ばれ，標題文や (27a) における場所・方向の副詞句に加えて，(27b) と (27c) ではそれぞれ形容詞句と分詞句など，いずれも文脈上，古い情報として話題化するために文頭の位置に前置されています。

(27) a. On a certain morning, Mary's mother was working in the kitchen. She heard a noise and looked up. <u>Into the room</u> walked *Mary*.

（ある朝，メアリーの母親は台所で仕事をしていた。大きな音が聞こえて，顔を上げると，そこに歩いて入ってきたのはメアリーだった）

b. While Cote Benson and Al Freeman struggled for most of the season, Cote excelled, scoring 16 goals and 51 points. <u>More important</u> was *Cote's play on defense*.

（コート・ベンソンもアル・フリーマンもシーズンを通して頑張っていたが，勝ったのはコートのほうで，16 ゴールを決め，51 得点をあげた。さらに重要なのは，コートの守備力であった）

(安藤・澤田 (2001: 230))

c. She has several remarkable abilities. <u>Especially surprising</u> is *her precise memory*.

（彼女には素晴らしい能力がいくつかある。特に驚くべきは，

第 3 章 機能的概念の活用と情報運搬構文　　71

正確な記憶力だ)

(27) のいずれの例においても，下線部の前置された部分は，先行文脈と関連のある旧情報を伝えており，逆に，倒置によって文末に回された斜体字部は，文末焦点の原則に従い焦点化されています。それぞれの文脈で倒置文が用いられることにより，「旧情報から新情報へ」といった自然な情報の流れが作り出されていることが理解できます。

　一般に，話しことばでは，ある要素を特に強調したい場合には，その要素自体を強く発音するだけで事足りるために，わざわざ語順を変える必要はありません。しかし，強勢や音調などを利用できない書きことばでは，強調の意味を伝えるためには，語順を通常のものと変える倒置という方法に頼らざるを得ません。倒置文が一般に文語体に限られるのも，実はこのような理由からだと考えられます。

　ところで，ある要素の前置によって主語・(助)動詞の倒置が生じる場合に，文頭へ前置された要素そのものを強調，焦点化する場合もあることに注意しなければなりません。特に，否定の意味を持つ語句が通常の位置から強調のために文頭に移動する場合には，そこにスポットライトを当てている表現となります。

(28) a. *Not a word* did he say.

　　　(彼は一言たりとも話さなかった)

　　b. *Never* have I been so strongly interested in history.

　　　(決して歴史に強く興味を持ってはいなかった)

　　c. *Under no circumstances* should this door be left unlocked.

　　　(どんな状況でも，このドアに鍵が掛かけられていないことは

なかった)

この場合，倒置は義務的に起こらなければなりません。よって，(29a) の倒置文と (29b) のようなそうではない文との意味的相違にも留意する必要があります。

(29) a. With no job would John be happy.
　　 b. With no job, John would be happy.

(29a) の倒置文では，否定的意味が強調されて「どんな仕事にもジョンは嬉しくはならないだろう」という意味を持つのに対して，(29b) では，「仕事がなければ，ジョンは喜ぶだろう」という意味になります。

さらに，次の倒置文においても，前置の副詞が焦点化され，この場合，文全体，すなわち状況全体が新情報として提示されています。

(30) a. *Here* comes my brother.
　　　　(ほら，弟がやって来た)
　　 b. *There* goes John.
　　　　(向こうへジョンが行っちゃう)
　　 c. *Down* jumped a cat from the tree.
　　　　(飛び降りたの，猫が木から)

また，(31) の文脈には，文頭に置くと長すぎると感じられる主語を有する「S + V + C」と分析される文型が含まれていて，先行文脈と関連のある C を前置することによって，前文との繋がりを自然にし，長い主語を文末重点の原則に従って文末に回した結果，極めて自然な倒置文が観察できます。

(31) One reason for studying language is that it is tempting to regard language as "a mirror of mind." <u>More interesting</u> is the possibility that by studying language we may discover abstract principles that govern its structure and use.

(言葉を学ぶ理由の一つは，どうしても言葉を「心の鏡」としてみなしたくなることが上げられます。もっと興味深いことは，言葉を学ぶことによって，その構造や使用を支配する抽象的な原則を発見できるかもしれないという可能性があるということです)

以上のことから，倒置文の存在する理由として，情報伝達の効率化という点を挙げることができるでしょう。つまり，否定的要素や副詞的要素の文頭位置への前置により，その要素自体の主題化や焦点化が図られ，主語・(助) 動詞の倒置によって，文末焦点化や文末重点化が図られるということになります。

3.2.1.3. 左方転位文： **That money I gave her, it must have disappeared.** (**That money I gave her must have disappeared.**)

標題文は左方転位文と呼ばれ，すでに見た話題化文と同様に，ある要素，標題文では主語を左側に移動する点では話題化文と同じですが，その主語のあった位置に代名詞を残しておく点で異なります。

(32) A: What can you tell me about Dick?
　　 B: Nothing.　But <u>Bill</u>, Mary kissed <u>him</u>.
　　 B′: *<u>Dick</u>, Mary kissed <u>him</u>.

(Rodman (1974: 440))

(32)からも明らかなように，話題化文はすでに見たように，先行文脈との関連性をスムーズに図ろうとする際に用いられる構文であったのに対して，この構文は，新たな話題，上記の例では Bill を新たなトピックとして持ち出す場合に用いられます。よって，B′ のように A の発話から Dick を引き継いで左方転位することは許されません。当然のことながら，Dick, Mary kissed. という話題化文ならば全く問題はありません。いずれの構文においても，ある要素を左方に移動させ，それを先行文脈から引き継いで主題化するにせよ，新たな主題化を図るにせよ，主題化という点では同一の機能を果たしています。

左方転位構文の例としては，さらに以下のような例を加えることができます。

(33) a. <u>Sarah Bernstein</u>, many boys would like to kiss <u>her</u>.
   (そうそう，サラ・バーンスタインについて言えば，男の子たちがたくさんキスをしたがると思います)

   (Rodman (1974: 452))

   b. <u>John</u>, <u>he</u> visits this town every year.
   (そうそう，ジョンについて言えば，毎年，この町を訪れます)

   c. <u>This movie</u>, I told you you wouldn't like <u>it</u> much.
   (そうそう，この映画について言えば，あまり気に入らないだろうと伝えました)

3.2.1.4. 分裂文： It was you who broke it. (You broke it.)

標題文は，学校文法でいういわゆる強調構文のことであり，正式には分裂文と呼ばれます。一般に，英語では情報の焦点は文末に置かれますが，この構文に関しては，情報の焦点が通常の文末

の位置以外の位置，すなわち be 動詞の直後に置かれるという点で，旧情報から新情報への自然な情報の流れという談話の制約を，いわば意図的に破ることによって，情報伝達の効果を狙った構文といえます。次の文を見てみましょう。

(34) David bought that new car last month.

この文からは，焦点化したい要素を be 動詞の直後に前置することにより，以下の 3 通りの分裂文を作ることができます。

(35) a. It was *David* that bought that new car last month.
   b. It was *that new car* that David bought last month.
   c. It was *last month* that David bought that new car.

いずれの例においても，be 動詞と that 節との間に前置された要素が焦点化され，that 節以下がその前提を表します。分裂文の焦点になることができるのは，主語や目的語，あるいは時や場所などの副詞句のほかに，because や that で始まる節，副詞的な用法の不定詞節，あるいは動名詞節なども可能です。[5]

(36) a. It was *in my room* that John lost his keys.
   （私の部屋で，ジョンは鍵を失くした）
   b. It's *that she was so apologetic* that surprised me.
   （彼女がそんなにも遠慮がちだったのには驚きました）
   c. It was *to buy some wine* that I stopped at the store.
   （店で立ち止まったのは，ワインを買うためでした）

---

[5] なお，分裂文に課されるさまざまな制約等についての詳細は荒木（編）(1986) を参照。

d. It was *John's hitting my brother* that upset me.
　　（私が当惑したのは，ジョンが弟を叩いたからでした）

3.2.1.5. 受動文：The car was taken by Kim. (Kim took the car.)

　すでに，2.2.4 節において，英語の情報構造上，既出の古い情報から新しい情報へと配列されるという，いわゆる「情報の流れの原則」を見ました。談話の中では，それぞれの発話文は，旧情報→新情報という順番に，しかも情報の焦点が文末に位置するように配列されます。標題の受動文では，能動文の目的語が主語位置への前置によって主題化され，逆に能動文の主語が by 句として文末に置かれて，通常，焦点化されることになります。そこで，この点を踏まえながら，標題文のような受動文を談話の中で考えてみましょう。

(37) Mariah Carey stepped off the plane.
　　a. #All the journalists were immediately smiled at by her.
　　b. She immediately smiled at all the journalists.
(38) What happened to Mary?
　　a. She was arrested (by the police).
　　b. #The police arrested her.

能動文である (37b) の情報構造は，第 1 文を受けて旧情報→新情報の配列になっていて，情報の流れの原則に従っていますが，それに対応する受動文 (37a) のほうは，新情報→旧情報という配列であり，情報の流れの原則に違反する配列です。逆に，(38) の疑問に対しては，(38a) の受動文で Mary が話題として維持され，情報の流れの原則に従っていて適格であり，(38b) の能動文

のほうがこの文脈では不適格となります。

　また，以下の例で，学生とその指導教員が，学生の論文について議論しているような状況を考えてみましょう。

(39) Adviser: You should have discussed this problem at the beginning of the thesis.
（この問題を論文の最初で論じるべきだ）

　　 Student: Yes, I did discuss it in Chapter 1.
（はい，第1章で論じましたが）

(40) Adviser: This problem should have been discussed at the beginning of the thesis.
（この問題は論文の最初で論じられるべきだった）

　　 Student: Yes, it was discussed in Chapter 1.
（はい，第1章で論じられました）

久野・高見（2005: 71-72）によると，(39)のような能動文を用いた2人の対話では，指導教員の発話は批判的トーンが強く，これに対する学生の回答は挑戦的トーンが強いと感じられ，両者の対決は避けられません。他方，(40)のような受動文が用いられた2人の対話では，このような対決は回避されることとなります。なぜなら，両者の発話から文末の焦点化されるはずの動作主（by句）が明示されていないために，動作主を責任者とする文から，発話内容自体に関心が置かれる文となっていて，敬語的表現に感じられるためです。動作主のない受動文が用いられるのには，(40)のようにそれなりの理由があると思われますが，実際，受動文のうちの8割は，動作主が明示されないというのが現状のようです。

受動文では，能動文の目的語を主語位置に前置することにより，その名詞句の主題化が図られます。

(41) a. *Winston Churchill has visited Harvard twice.
    b. Harvard has twice been visited by Winston Churchill.

(41b) の受動文では，現存する Harvard が主題化されて，その適切な記述と解釈できますが，(41a) の能動文では，主題の Churchill は故人であるために，現在と何らかの繋がりを必要とする現在完了形ではなく，過去形で表さなければなりません。さらに，(42) において，能動文とそれに対応する受動文とを比較してみましょう。

(42) a. You have to experience the smugness of the British to believe it.
      （イギリス人の自惚れの強さを信じるのには，それを体験しなければならない）
    b. The smugness of the British has to be experienced to be believed.
      （イギリス人の自惚れは，それが信じられるのには，体験されなければならない）

(村田 (2005: 203))

目的語を主題にした (42b) の主語には，明らかに際立ち (salience) が与えられていることが理解できます。

以上，Huddleston and Pullum (2002: 1366) で提示された情報運搬構文 (20) のうち，要素の左方向への移動を伴う有標構文を個々に検討してきました。(20h) のような分裂文に見られる

be 動詞直後の要素の焦点の明示化を除き，前置文 (20a)，倒置文 (20c)，左方転位文 (20f)，受動文 (20i) のいずれもが，主題化，あるいは文末焦点化という文脈上の機能を果たしていることが明らかであろうと思います。次節では，情報運搬構文 (20) のうち，これまでとは逆に要素を右方向へ移動させる，いわゆる題述化を考えてみましょう。

3.2.2. 題述化
3.2.2.1. 後置文： I made without delay all the changes you wanted. (I made all the changes you wanted without delay.)

ある構成素を右方向の文末に置いて作られる構文を後置文と言います。標題文の場合，make の目的語が長い名詞句であるために，文末重点の原則に従って長い名詞句が文末に後置されて得られた文です。次の文についてはどうでしょうか。

(43) a. He pronounced every one of the accused guilty.
（彼は被告人すべてに有罪を宣告した）
b. He pronounced guilty every one of the accused.

通例，第 5 文型の語順は「S + V + O + C」ですが，補語に比べて目的語が重い名詞句であるために，(43b) のようにその目的語が文末に移動して O と C が逆転した後置文となっています。もちろん，Who did he pronounce guilty? という疑問文を想定すると，今度は文末焦点の原則によって (43b) の後置文が用いられて，効果的なコミュニケーションが図られることとなります。この場合の (43b) の日本語訳は，たとえば「彼が有罪を宣告したのは，訴えられた人すべてに対してであった」ということになるで

しょう。いずれにせよ，後置文の形成には，文末重点か文末焦点の原則に留意することが肝要です。

3.2.2.2. 存在文： There is a frog in the pond. (A frog is in the pond.)

情報構造の観点から標題の存在文（時として，there 構文とも呼ばれます）を考えてみましょう。上山 (2003: 21) でも指摘したように，この構文には，「あるものの存在や出現を，聞き手（読み手）にとっての新情報として提示する」機能があります。たとえて言うと，存在文 (20d) は "There is〜in the pond." といった，いわば額縁構造を成していて，その額縁の中の「〜」の箇所にそれまで話題になっていない新情報を担った a frog が導入されるのです。標題の（ ）内のいわゆる「裸存在文」は，いきなり新情報 (a frog) で文が始まるために，旧から新への自然な情報の流れとは逆行して，不自然さ，あるいは唐突さが生じてしまいます。その不自然さ・唐突さを取り消すために，本来の主語を be 動詞の後に後置させ，意味的にゼロの there を形式的な主語として主語位置に置くのです。

そこで，存在文と裸存在文が，談話内で実際にどのように用いられているのかを考えてみましょう。まず，Hinds (1986) は，次の (44) における存在文にせよ，裸存在文にせよ，両者をほとんど同義と認めながらも，(44b) の裸存在文では視覚の方向性が設定されて，問題のねずみが直ちに事をしでかすといった状況の展開が予想されると指摘しています。この点で，(44a) の存在文は無色透明であると言っていいでしょう。

(44) a. When you walk through the living room, you should be very careful because there is a mouse in the kitchen.
(歩いて居間を通り抜けると,台所にねずみがいるのでぜひ注意してください)

b. When you walk through the living room, you should be very careful because a mouse is in the kitchen.
(歩いて居間を通り抜けると,ねずみが一匹台所にいるのでぜひ注意してください)

(Hinds (1986: 33))

ところで,周知の通り,存在文の意味上の主語として用いられる名詞句には,(45) からも明らかなように,かなり厳しい制限が見られます。

(45) a. There is a book on the table.
b. *There is the book on the table.
c. *There is it on the table.
d. *There was John at the meeting.
e. *There exist the serious problems.

このような事実を,斎藤・原口・鈴木 (1995: 204) では,(46) のような定性制約として提示されています。

(46) 定性制約 (definiteness restriction):
意味上の主語には,代名詞,固有名詞,定冠詞 the や指示形容詞 this/these などを伴う定名詞句 (definite NP) は,生じることができない。

しかし，この定性制約に反する例が存在することも，よく知られていることです。たとえば，次の (47) における A と B とのやり取りにおいて，B の発した存在文に固有名詞 Jane が生じています。

(47) A: Was there anybody at home yesterday afternoon?
　　 B: Yes, there was Jane.

この場合，Jane という人物そのものは，たとえ相手にとって既知であったとしても，「昨日の午後，家にいた人物」という点では，聞き手にとって未知の事柄であり，新情報とみなすことができます。また，(48) の B の発話においても，定冠詞つきの名詞句が存在文に生じていますが，この場合も，これらの意味上の主語で等位接続されている要素は，いずれも定表現で既知情報を表しますが，等位接続されている表現全体としては，A の発話に対する答えとして，聞き手には確認されていない新情報を表すと考えられます。[6]

(48) A: What's worth visiting in the city?
　　　 (その町では，何が訪れる価値がありますか)
　　 B: Well, there's the temple, the castle, and the park.
　　　 (そうですね，例のお寺と，お城と，公園でしょうね)

さらに，(49) のいずれの存在文も，(46) の定性制約に反して，意味上の主語として定名詞句が生じているにもかかわらず，許容されます。

---

[6] Rando and Napoli (1978) では，(48B) のような存在文をリスト there 構文と呼びます。

(49) a. There is *the problem* that we have to solve immediately to save the earth.

(地球を救うために，今すぐに解決しなければならない問題がある)

b. There still stands on his desk *the silver cup* he won last year.

(昨年，勝ち取った銀杯がまだ机の上に置いてある)

c. There was *the most difficult test* yesterday.

(昨日，最も難しい試験が行われた)

d. There hasn't been *the usual reaction*.

(いつも通りの反応ではなかった)

e. Look! There's *Ann* with her boy friend.

(ほら，アンがボーイフレンドと一緒だ)

f. Last week there was *this strange dog* wandering around the neighborhood.

(先週，近所をうろついている見慣れない犬がいた)

(Huddleston and Pullum (2002: 1401))

(49a-d) では，後置修飾，最上級，usual/same などの表現が，存在文の意味上の主語と関わることによって，定冠詞が必然的に現れてしまい，いずれも不定名詞句が使えないために仕方なく生じた定名詞句であると言えます。このような名詞句が，潜在的不定名詞句 (cripto-indefinite noun phrase) としばしば呼ばれる所以です。また，(49e) では，聞き手の注意を引くための表現として there's が使われ，(49f) では，指示形容詞の this が，この場合，不定冠詞や some ほどの意味しか持たない 'false definite *this*' と呼ばれる用法として使われています。このように，(49) の存在

文では，意味上の主語として，一見定名詞句が含まれながら，これらの名詞句は既知情報を表さず，聞き手にとって新情報として提示されているという点では，通常の存在文と共通しています。

このようなことから，存在文の意味上の主語については，従来からの説明のように，(46)の定性制約で言及されている名詞句の定性が問題なのではなく，むしろ，聞き手にとって新しい情報を表す名詞句が導入されているかどうかが問題になると言えるでしょう。

3.2.2.3. 外置文：It is clear that he's guilty. (That he's guilty is clear.)

英語では，頭部過大を避けて，文末に重い要素を移動させようとする，いわゆる文末重点の原則が作用していることはすでに見たとおりです。標題の外置文は，形式主語 it を先に据えて，主語の that 節を右方向の文末の位置へ移動して得られた構文です。主語位置を占める重い要素として，that 節以外に不定詞節，wh 疑問節，動名詞節などが挙げられます。

(50) a.　It would be a mistake to ignore his advice.
　　 b.　It doesn't matter where you begin.
　　 c.　It's no use telling him that.

主語位置は，通常，既知要素によって占められますが，外置は，そのような主語をいわゆる文末焦点の原則に従って，新情報として提示するための手段であるとも言えます。

ところで，Ross (1973) によると，文の要素が節的性格を帯びているものから名詞的性格を帯びているものの階層関係は，以下

の通りとなっています．

(51) that 節 ＞ 不定詞節 ＞ wh 疑問詞節 ＞ 動名詞節 ＞ 名詞

(51) は，名詞らしさの度合いとして捉えることができますが，実は次例からも明らかなように，名詞化が進むに連れて，つまり (51) において左から右に進むに連れて，外置が起こりずらくなるという事実があります（村田 (2005: 207) を参照）．

(52) It was a shame
 a. that Tom couldn't come to the party.
 b. for John to waste water like that.
 c. how Jack hated Lucy.
 d.?*Betty's being too eager for success.
 e. *Mary's reluctance to work.

(52d) は動名詞節，さらに名詞化が進んだ (52e) は派生名詞句の例ですが，いずれも外置の容認性は極端に低下します．この事実は，文頭の主語位置から右方向に移動される要素の題述化と無関係ではないと考えられます．題述化は，動詞や形容詞等に相応しい働きですが，名詞には馴染まない機能です．このことが (52) の事実に反映されているように思われます．いずれにせよ，名詞化と外置の関係を心得ておくことが肝要となります．

なお，標題文の外置とは，it を残さないと言う点で異なる，いわゆる名詞句からの外置と呼ばれる外置文がありますが，文末重点の原則が作用している点では標題文と同様です．

(53) a. A hat was found *with the initial YU.* (← A hat with the initial YU was found.)
  b. The claim was made by John *that the rain was caus-*

ing the accidents. (← The claim that the rain was causing the accidents was made by John.)
c. A man just came in *who was wearing very funny clothes.* (← A man who was wearing very funny clothes just came in.)

いずれも，重い主語名詞句から (53a) では前置詞句，(53b) では同格節，(53c) では関係詞節をそれぞれ文末に移動して作られた外置文の例です。

3.2.2.4. 右方転位文: They're still here, the people from next door. (The people from next door are still here.)

標題の右方転位文は，文中でいったん使用した代名詞の指示するものを，聞き手のために文末で明示するための構文です。主語位置で代名詞 it が使われると，表面上，前節の外置文と類似しますが，明らかな相違も存在します。次の例を見てみましょう。

(54) a. *It is normal nowadays wearing glasses.
b. It is normal nowadays, wearing glasses.

前節でもすでに見たように，動名詞節の外置については，名詞らしさの深度に応じて制約が生じ，(54a) は許容されません。しかし，外置された動名詞の前に音調の休止（書き言葉ではコンマ）があれば，標題のような右方転位文と見ることができ容認可能となります。

ここで留意すべきは，この構文において文末にある要素は決して焦点化された要素ではないという点です。

(55) a. *It really depresses me, this ROOM.

(荒木(編) (1986: 824))

　b.　It's amazing, {*a / the / that} difference.

(村田 (2005: 224))

(55a) において，文末の名詞に第一強勢を置けないことや，(55b) において，不定冠詞 a を用いると非文となってしまう事実は，いずれも文末の要素が新情報とはなり得ないことを示しています。さらに，次の例からも，右方転位文の文末要素が焦点化されないことが明らかとなるでしょう。

(56) a.　It's amazing the difference the increase in investment has made.
　b.　It's amazing, that difference.

(村田 (2005: 223))

(56a) は外置文で「投資の増加がもたらした相違ときたら目覚しい」という意味であり，下線部は通例，新情報と解されます。これに対して (56b) は右方転位文であり，「目覚しいよ，その相違は」を意味して，下線部は明らかに旧情報と解され，焦点ではなくむしろ話題として解釈できると思います。

　以上，Huddleston and Pullum (2002: 1366) で提示された情報運搬構文 (20) のうち，3.2.2 節では，要素の右方向への移動を伴う有標構文を個々に検討してきました。一般に，英語には文の焦点が文末に現れたり，文頭・文中の長い要素が文末に現れたりする傾向があり，前者を文末焦点の原則，後者を文末重点の原則と呼びました。右方向への移動を伴う構文については，二つの原則が密接に作用していることが明らかとなりました。ただし，右

方転位文についてはこの限りではないことに注意しなければなりません。また，後置文 (20b)，存在文 (20d)，外置文 (20e)，右方転位文 (20g) 等における右方向への移動要素は，いずれも共通に題述的な機能を果たしていることも明らかでしょう。

第 4 章

話し手の視点と文の書き換え

次に，共感度 (empathy)，すなわち「話し手の視点」という伝達機能上の重要な概念を文法指導に役立てる手立てを探ってみましょう。まず，すでに 2.3 節でみた (31)（ここでは，(1) として繰り返します）のような談話法上の基本原則に関しては，Grice (1975) の「会話の原理」，あるいは安井 (1978) の「首尾一貫性の原理」などと重なり合うところが多く，おそらくはどの人間言語にも，ある程度までは見られる普遍的な原則であろうと思われます。

(1) 視点の一貫性：
 単一の文は，共感度関係に論理的矛盾を含んでいてはならない。

したがって，(1) の「視点の一貫性」の原則に関しては，久野 (1978) のカメラアングルのたとえを用いた説明からも明らかなように，その意味するところを理解するのは比較的容易です。

共感度説と英語教育との接点を探ろうとする場合に問題となるのは，これもすでに 2.3 節でみた，話し手の視点を決定する際に働く (34) から (39)（ここでは，(2) から (7) として再録）[1] の視点優先順位の階層です。

(2) 表層構造の視点階層：　E（主語）＞E（他の名詞句）
(3) 発話当事者の視点階層：　E（話し手）＞E（他人）
(4) 談話主題の視点階層：　E（談話主題）＞E（新登場人物）

---

[1] なお，個々の視点階層に添えた例文は除きました。詳細は 2.3 節を参照。

(5) 対称詞の視点階層：
　　　E（対称詞）＞E（対称詞に依存する対称詞）
(6) 語順の視点階層：E（左側名詞句）＞E（右側名詞句）
(7) 人間性の視点階層：
　　　E（人間）＞E（非人間有生物）＞E（無生物）

そこで，上山 (2011) では，これらの視点階層の代わりに，それらの最大公約数的な値を求めた (8) の「近接性の視点階層」を提案しました。

(8) 近接性の視点階層（Closeness Empathy Hierarchy）：
　　　話し手とその話し手が発する文内に登場する人なりものとの統語的・意味的距離が近くなればなるほど，話し手はその人なりものに共感を与えやすくなる。

この階層を図式的に捉えるならば，次のようになります。[2]

(9) a.　派生主語形成構文　　　b.　派生目的語形成構文

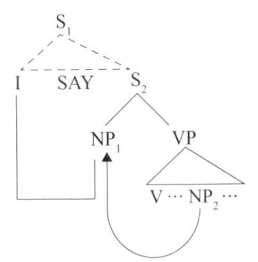

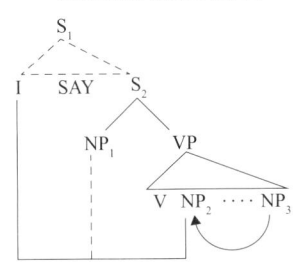

---

[2] (9) の S_1 に支配される点線部の遂行節は，認知文法で英語話者が場面の外から見る感覚で出来事を認識する，いわゆる「場面外視点」を反映していると思われます（濱田 (2011)）。

ここで重要な点は，(9) の S_1 に支配される I SAY という抽象的な遂行節を含む構造を想定したことです。(9a) における S_2 の文内の NP_1，NP_2 といった二つの項の配列順序が，たとえば，(9a) に図示されるように，NP_2 が NP_1 に代わって主語の位置を占めた結果，遂行節の I (話し手) と統語的により近くなります。(9a) を派生主語形成構文の図と呼ぶことにしましょう。また，(9b) に図示されるように，今度は NP_3 が NP_2 に代わって目的語の位置を占めた結果，主語の場合ほどではないにしても，やはり遂行節の I (話し手) に若干近くなり，話し手の派生目的語寄りの視点が得られやすくなります。(9b) を派生目的語形成構文の図と呼びます。

派生主語寄りの視点は，(2)-(4) の視点階層が規定していることです。また，(5) の NP_1's NP_2 や (6) の NP_1 and NP_2 は，言葉の線条性 (linearity) という特性上，NP_2 よりは NP_1 のほうが遂行節の I (話し手) に近く，よって，(5) や (6) の視点階層が規定するように，NP_1 寄りの視点が得やすくなります。[3]

そこで，(8) の近接性の視点階層に従うならば，従来，学校文法でも取り上げられたさまざまな書き換え例などの微妙な意味・ニュアンスの差に対する統一的な説明が可能となることを見ていきたいと思います。

4.1. 派生主語形成構文

最初に次の (10) は，能動文と受動文の書き換え例ですが，

---

[3] なお，(7) の視点階層については，意味的な観点から話し手との距離の近接性を捉えることができます。

(10a) の能動文において，目的語の two languages は，特定の二カ国語とも，個々の学生で異なる二カ国語とも解され曖昧ですが，後者の読みが普通です。

(10) a. Many students in my class speak two languages.
   b. Two languages are spoken by many students in my class.

一方，それと対応する受動文 (10b) では，派生主語の two languages の読みとして特定の二カ国語の読みのみが可能であり，能動文の場合のような曖昧さは消えてしまいます。これは，(8) の視点階層によって，話し手が派生主語 (two languages) 寄りの視点を取ることにより，2 言語ばらばらではなく，「どれとどれ」というように確定している 2 言語が意味されることになります。つまり，話し手が主語に視点を当てることから当然の帰結として得られる意味であると考えることができます。

これと同様に，次の (11) においても，swarm などの動詞は，群れる蜂 (bees) を主語にして用いることも，蜂が群れる場所 (the garden) を主語にして用いることもできます。

(11) a. Bees are swarming in the garden.
   cf. Bees are swarming in the garden, but most of the garden has no bees in it.
   b. The garden is swarming with bees.
   cf. *The garden is swarming with bees, but most of the garden has no bees in it.

しかし，(11a) のような「蜂」を主語にする場合と (11b) の「庭」

を主語にする場合とでは明らかに意味が異なり，前者では蜂が群がっているのが庭の一部であってもよいのに対して，後者は庭一面に蜂が群がっているという意味です。この意味の違いは，それぞれの cf. におけるように，'but most of the garden has no bees in it.' という表現を付加することによって，明示的に表すことができます。能動文・受動文の書き換えほどは一般的ではないにせよ，(11) に示されるような書き換えにおいては，(11a) の表現がいわゆる部分的解釈を，(11b) の表現が全体的解釈を有するものとして特徴づけることができます。実は，この全体の解釈も，話し手の視点が派生主語の the garden 寄りの視点を取りやすくなることから，庭全体が話し手の視野に入り，その結果として自然に得られる解釈であろうと考えることができます。

さらに，(12) は，学校文法では，複文から単文（または，その逆）への書き換えとして扱われてきました。

(12) a. It seems that John has hit Fred.
　　　　cf. *It seems that John has hit Fred, but it doesn't seem that Fred has been hit by John.
　　b. John seems to have hit Fred.
　　　　cf. John seems to have hit Fred, but Fred doesn't seem to have been hit by John.

(Fiengo (1974: 75))

しかし，ここでもこれまでと同様に，異なった意味的特徴を観察できます。たとえば，(12a) の表現では「ジョンがフレッドをたたいた」という判断は，通常，客観的な情報に基づいて下されたものですが，(12b) の表現ではこのような判断は，話し手がジョ

ンと接することから知った彼の性格や習慣などを基にして下されたものであると考えられます．このような含意の相違は，(12) のそれぞれの文に，cf. で示されるような表現を付加することによって確かめられます．すなわち，(12a) の cf. の文では「トムがフレッドをたたいた／フレッドはトムによってたたかれなかった」という相矛盾する判断を，話し手が客観的な資料を基にして下していることになるので不自然です．ところが，(12b) の cf. の文では，話し手はトムとフレッドの 2 人に個人的に接触し，それぞれに対して異なった判断を下していると捉えられるので，矛盾が生じないことになります．このように，話し手が派生主語との個人的な接触から主観的な判断を下す解釈は，話し手が派生主語に視点を当てることから当然の帰結として得られる意味であると考えられます．次の (13) についても，(12) と同様なことが言えます．

(13) a. It is certain that she will leave.
　　 b. She is certain to leave.

さらに，(14) は，それぞれの対の文が，いわゆる tough 移動変形によって関係付けられてきました．

(14) a. It is difficult to read this book.
　　 b. This book is difficult to read.

(14b) の tough 構文では，話し手が派生主語の 'this book' 寄りの視点を取ることから，この本ついてよく知っていて「読みやすい」という判断を下しているのに対して，(14a) の文では 'this book' について必ずしも直接的に知っている必要はありません．

以上，態の転換 (10)，あるいはそれに類似した書き換え (11)，主語の位置への上昇変形 (12) と (13)，さらには tough 移動変形 (14) など，図式的には先の (9a) に示されるように，いずれもある名詞的要素の主語位置への移動の結果によって得られた，いわゆる派生主語形成構文であり，(9a) の└─┘で図示されるように，遂行節の I (話し手) と統語的に近い位置を獲得するに至る書き換え例です。これらの書き換え文の間の微妙な意味的差異は，(8) によって話し手の派生主語よりの視点が得られた結果，それが意味上に反映されたものとして捉えることができます。

4.2. 派生目的語形成構文

これまでは，いずれも放っておけば文の中ほどか文末のほうに置かれる運命にある名詞的要素を，主語位置へ持ってきて据えるという，いわば新派生主語形成とでも呼べる書き換えの例を見てきました。次に，図式的には (9b) に示されるように，(15) (16) の例に代表されるような新し目的語を形成する書き換え例を考えてみましょう。

(15) a. I believe that John is intelligent.
　　 b. I believe John to be intelligent
(16) a. I find that this chair is uncomfortable.
　　 b. I find this chair (to be) uncomfortable.

(15) や (16) において，それぞれの対の例文を関連付けているのは，いわゆる目的語の位置への上昇変形であり，従来，学校文法では複文から単文（あるいは，その逆）への書き換えとして扱わ

れ，形式は異なりますが意味は同じであると見なされてきたものです。しかし，ここでも (15) と (16) の対の例文には明らかな意味の相違が観察されます。すなわち，(15a) は，ジョンが知的であるというのは客観的に確認されている事実であり，主語 (I)，さらには遂行節の主語 (I) のこの事実への関与の仕方は間接的であるのに対して，(15b) では，主語 (I) がジョンの態度や行動などを見て下した主観的な判断が述べられ，主語 (I)（つまり遂行節の主語 (I)）と派生目的語であるジョンとの間に，個人的・直接的な関わりを読み込むことができます (cf. 池上 (1991: 57-58))。これとほぼ同様の意味的相違を (16) に対しても観察できます。(16a) の that 節を含む文は，椅子の座り心地が悪いという判断の根拠が間接的で，たとえば，他人が行った消費者テストのファイルを見て知ったことを報告する場合に用いられます。これに対して (16b) の文 'I find this chair uncomfortable.' は，実際に椅子に座ってみて自分の直接的な体験に基づいて，座り心地が悪いと言っています。また，'to be' を伴うと二つの文の中間的な解釈が得られ，たとえば，自ら消費者テストを行って自分で座り心地の悪さを見つけたことを報告する場合に用いられます。このような表現形式の変化に伴って観察される意味的相違は，すでに見た (12) の派生主語の場合と平行的に，派生目的語の場合も同様に捉えることができます。

さらに，次の (17)-(19) におけるように，feel, hear, see などの知覚動詞を含む例を考えてみましょう。

(17) a. I felt that she was trembling.
　　 b. I felt her trembling.
(18) a. I heard that she screamed.

b. I heard her scream.
(19) a. I saw that he was dead.
   b. I saw him dead.

これらの動詞には，that 節を従えたり，目的語の後に現在分詞／動詞の原形／形容詞などを従えたりといった二つの違った使い方があります。このような表現形式の違いに対応して，意味的な違いも観察できます。たとえば，(17a) の that 節を含む文では，震えが床を伝わって間接的に感じられるというような場合にも用いられるのに対して，(17b) では，彼女の身体に直接手か何かで触れて彼女の身体の震えを感じているという印象を与えます。(18a) の hear や (19a) の see の場合にもこれとほぼ同じようなことが言え，要するにこれらの that 節を含む文では，主語として立てられているもの（もっと言うならば遂行節の主語，この場合は 'I'）と that 節で述べられている事態との関係は間接的であると言えるのに対して，(17b) から (19b) では，主語 'I' のそのような事態への関与の仕方は直接的であると言えます（池上 (1991: 60-63) を参照）。

また，従来，学校文法では異なった文型への書き換え例として扱われてきたものをさらに見てみましょう。

(20) a. John taught linguistics to Mary.
   b. John taught Mary linguistics.
(21) a. John wrote a letter to his mother.
   b. John wrote his mother a letter.

上記のような書き換えは，かつて変形文法の枠組みの中でも与格移動変形 (Dative Movement) によって関係付けられ，知的に同

義であるとされていたものです。しかしながら，Green (1974: 157) では，(20a) にはメアリーが言語学を習得したという含意がないのに対して，(20b) にはそのような含意があるとされています。このような含意の有無は，次の (22) からさらに明らかとなります。

(22) a.　John taught linguistics to Mary but she didn't learn anything.
　　 b. *John taught Mary linguistics but she didn't learn anything.

すなわち，(20) の両方の文に 'but she didn't learn anything' という表現を続けてみると，(22) に示されるように (22a) では矛盾が起こりませんが，(22b) では明らかに矛盾を含む文となってしまいます。[4] また (21) の書き換えについても，(21a) の与格構文には一通の手紙がジョンの母親に届いたという含意はありませんが，(21b) の第四文型，すなわち二重目的語構文にはそのような含意があり，よって (23) からも明らかなように，'but she cannot receive it yet' という表現を付加すると (23b) のような

---

[4] 安井 (1986: 120) は，(20) のそれぞれの文は次のような意味内容を持つと指摘しています。
　(i) a.　メアリーは，ジョンの言語学の講義に出席していた／を取っていた。
　　 b.　メアリーは，言語学をジョンから教わった。
しかし，中島 (2014: 83) では，次の文は不自然にならないと指摘しています。
　(ii)　I taught the children French, but they didn't learn it at all.
間接目的語が受け取り手の場合には，受け渡しの成功の推意（推測される意味）が成り立ちやすいということであり，必ずしもそれを含意する（意味の一部として含む）というわけではない，としています。

第四文型を含む二重目的語構文では矛盾が生じてしまいます。両構文の含意差は，間接目的語（his mother）が遂行節の主語（I）に近い目的語位置を占めることにより，話し手の視点を得たことから生じるものと考えられます。

(23) a. John wrote a letter to his mother but she cannot receive it yet.
   b. *John wrote his mother a letter but she cannot receive it yet.

さらに，次のような書き換え例についてはどうでしょうか。

(24) a. He took off his coat.
   b. He took his coat off.
(25) a. He pushed open the door.
   b. He pushed the door open.

(24) は，従来，不変化詞移動変形（Particle Movement）によって関係付けられてきた書き換え例です。しかし，両方の文は，使える文脈が明らかに異なり，たとえば 'What did he take off?' という疑問文に対しては (24a) が，また，'What did he do to his coat?' に対しては (24b) が正しい答えとなります。つまり，情報構造上，(24a) では 'his coat' が，(24b) では '(take) off' が新情報として求められています。また，Bolinger (1977: 17) も指摘するように，(24a) における 'off' が純粋に副詞的であるのに対して，(24b) の 'off' にはいくぶん形容詞への機能的推移を感じとることができます。このことは，(25) のような書き換え例からも，一層明確となります。(25a) の 'push open' は，「押し

開ける」といういわば一つの複合動詞的な機能を果たしているのに対して，(25b) の 'open' は，「押す」という行為をした結果の状態を表す形容詞として機能しています．

(26) a. He pushed open the door and went in.
　　 b. He pushed the door open and went in.

したがって，(25) の両方の文に 'and went in' という表現を付加すると，(26) の例にみられるように，明らかに含意の差が認められます．(26a) では，「ドアを押し開けて，中に入った」という意味で，二つの動作がスムーズに行われたという含意があります．これに対して (26b) では，「ドアを開ける」ことと「中に入る」ことがスムーズに行われなかったという含意を読み取れます．(24) と (25) それぞれにおける二つの文の含意差も，新たに目的語位置を占めた his coat や the door に，話し手の視点が向けられた結果であろうと捉えることができます．

　次に，山田 (1979: 33) が「分解的な表現」として特徴付けをしている文を考えてみましょう．

(27) a. He caught my sleeve.
　　 b. He caught me by the sleeve.
(28) a. James Bond kissed the queen's hand.
　　 b. James Bond kissed the queenon the hand.

(27) は，いずれも「彼は私の袖をつかんだ」という意味ですが，(27b) では，「私の袖」という一個の複合概念を「私」と「袖」とに分解した，いわゆる分解的な表現となっています．このような表現では，目的語の「私」という人間にまず注意が向けられ，後

から限定的に「袖」を加えてつかんだ場所が具体的に示されています。つまり，このような分解的表現では，主語の「彼」の行為は，派生目的語の「私」に一定の感情を伝える行為として記述されています。ところが，(27a) では，「私の袖」にのみ注意が向けられ，主語の「彼」の行為は即物的・客観的行為として把握されます。同様に，(28) についても，舘 (1979: 58) によると，(28a) では，ジェームズ・ボンドが儀礼的に女王の差し出した手に口づけをするという状況が表されるのに対して，(28b) では，ジェームズ・ボンドが派生目的語の女王に個人的感情を持って口づけをするとされています。(27b) と (28b) の新たな目的語である me や the queen 寄りの視点を，話し手が取れるからこそ，上記のような含意が生じるのだろうと考えられます。

また，すでに見た (11) と平行的に捉えることができる次のような書き換え例を考えてみましょう。

(29) a. The man sprayed paint on the wall.
　　 b. The man sprayed the wall with paint.
(30) a. The workers planted the trees in the garden.
　　 b. The workers planted the garden with the trees.

(29) は，どちらの文も「その男がペンキを壁に吹きつけた」ということを意味しますが，(29a) では，ペンキがついているのは壁の一部分であってもよいのに対して，(29b) では，目的語の「壁」全体がペンキで覆われているといった全体的解釈が得られます (池上 (1991: 116-119) を参照)。これと同様に，(30) においても，(30a) では，木を植えたのが庭の一部であってもいいのですが，「庭」が目的語となった (30b) では，その庭いっぱいに木を植え

たという全体的解釈になります。このような解釈の存在は，(30)の双方における 'trees' を 'a tree' に置き換えることによって確かめることができます。

(31) a.　The girl planted a tree in the garden.
　　 b.　*The girl planted the garden with a tree.

すなわち，1本の木では，通例，庭一面に木を植えたことにはならないために，庭一面にという全体的解釈を持つ (31b) の文では矛盾が起こり，部分的解釈を持つ (31a) の文ではそのような矛盾は起こりません。このように，(29b) や (30b) の派生的な目的語の the wall，the garden の全体的解釈も，それらに話し手の視点が置かれた帰結であろうと思います。

　さらに，一般的にはほぼ同一の意味を持つとされる次のような例についてはどうでしょうか。

(32) a.　John shot at Mary.
　　 b.　John shot Mary.
(33) a.　John climbed up the mountain.
　　 b.　John climbed the mountain.

(32) は，どちらも「ジョンがメアリーを撃った」という意味ですが，動詞と名詞句との間に前置詞が介在する (32a) では，必ずしも弾がメアリーに命中していなくてもよいのです。これに対して，他動詞が直接的に目的語を従える (32b) では，弾がメアリーにあたってジョンがメアリーを射殺したという意味になります（安井 (1986: 112) を参照）。また，(33) においても，(33b) では「登る」という行為の完了という意味が表されるのに対して，不変

化詞が介在する (33a) では,「登る」という行為の一部を行ったという意味になります。したがって, (33) のそれぞれの文に,「登る」ことを途中で取り止めたという意味内容の表現を付加すると, 行為の完了を含意する (33b) では矛盾が生ずることが予想され, このことは, 実際, 次の (34) からもこの予想が正しいことが明らかとなります。

(34) a. John climbed up the mountain but halfway up he ran out of food and had to come down again.
(ジョンは山に登ったが, 途中, 食料が切れて, また下山せざるを得なかった)
b. *John climbed the mountain but halfway up he ran out of food and had to come down again.

(32b) や (33b) についても, 新たな目的語である Mary, the mountain のそれぞれに, 話し手の視点が向けられるからこそ, 直接的な「射殺」や「山に登りきる」といった行為の完了が含意されるのだろうと思われます。

以上, これまで見てきた書き換え例のいずれにおいても, 表現形式上の変化に対応して微妙な意味的差異が存在することは明らかです。また, 目的語の位置への上昇変形 (15), (16) や知覚動詞を含む類似の書き換え (17), (18), (19), 与格移動変形 (20), (21), 不変化詞移動変形 (24) やそれと類似の書き換え (25), 分解的な表現を作る書き換え (27), (28), さらには (29), (30) や (32), (33) のような書き換えは, いずれもある名詞的要素を目的語の位置に据えるという, いわば新派生目的語形成変形によって成立するものであるということにも注目しておきたいと思いま

す。図式的には (9b) に示されたように，いずれもある名詞的要素の目的語位置への移動，あるいは他の要素の後置，あるいは削除といった操作を受けて，結果的には目的語の位置を占めるに至り，(9b) の └──┘ で図示されるように，遂行節の I (話し手) と，主語の場合ほど近くないにせよ，統語的に近い位置を獲得するに至る書き換え例です。これらの書き換え文の間の微妙な意味的差異も，(8) によって話し手の派生目的語寄りの視点が得られた結果，その派生目的語，あるいはそれを含む事態と遂行節の I (話し手) や点線で示される主語との個人的な関わり，直接的な影響，全体的な解釈といったような意味として，反映されていると捉えることができます。

4.3. まとめ

このように，従来，学校文法でも一部取り上げられたさまざまな書き換え例に見られる微妙な意味・ニュアンスの差は，(8) の視点階層によって，話し手が派生主語，あるいは派生目的語寄りの視点を取ることになる結果として，自然に導き出される意味・ニュアンスの差であると統一的に捉えることができます。一般に，A → B の書き換えが可能であるときに，単に機械的な操作能力だけを求めるのではなく，A と B 両者の微妙な意味・ニュアンスの差などにも触れることは，学習者の言語感覚を磨く上でも重要なことです。(8) のような視点階層は，学習者の意味やニュアンスの差の理解に役立つであろうと思われます。

第 5 章

日英語の対照的考察

外国語を学習しようとする場合，学習者の母語と外国語の，いわば言語的距離（Linguistic Distance）が問題となります。概して言語的距離が大きければ大きいほど，外国語の学習は難しくなると考えられます。Chiswick and Miller (2004) によると，英語から他の言語との距離を測ろうとした場合，韓国語や広東語と並んで，日本語はもっとも英語からの距離の離れた言語となっています。[1] このことを裏付けるように，すでに第1章では，日英語の語順に焦点を当てて，両言語の隔たりの大きさを示しました。

　日本人にとって，言語的距離の小さい，たとえば韓国語などのほうがその隔たりの大きい英語より，はるかに学習しやすいということはよく耳にする話です。しかし，逆に母語との隔たりの大きい英語学習を通してこそ，より強く母語への意識化を図ることができるとも考えられます。大津（2007）も指摘するように，「ことばへの気づき（メタ言語意識）」を基盤に母語教育と外国語

---

[1] 鳥飼 (2014: 64-65) は，言語間の距離について，米国国務省付属の外交官養成機関である Foreign Service Institute（http:// multilingualbooks.com/languagedifficulty.html（2015. 1. 25 検索））が発表したデータを紹介しています。このデータは，英語を母語とするアメリカ人が，どの言語を何時間学習すると，一般的な仕事で話せる・読める能力に達するのかを示したものであり，学習する対象言語群を三つに分けています。それによると，フランス語，スペイン語，ポルトガル語などカテゴリー1（英語に近い言語）に属する言語を，通常の言語適正をもつアメリカ人がゼロから学習し，一般的な仕事で話せる・読める能力レベルまで到達するのに，23週～24週間（575～600授業時間）かかるとされています。これに対して，カテゴリー3（英語母語話者にとってかなり難しい言語）に属する日本語や韓国語になると，88週間（2200授業時間）かかるとされ，これに加えてその半分程度の時間を現地で過ごし，言語を学ぶことが望ましいとされています。立場を変えてみれば，日本語母語話者にとって，英語がどれだけ難しい外国語であるかが分かります。

教育（現実的には，英語教育）を有機的に連携すべきであるという考え方に立ち，本章では，英語とそれに一見対応すると思われる日本語，具体的には「you とあなた」，「it とそれ」を取り上げて，日英語の対照的な先行研究を紹介しながら，両言語の特徴を整理します。こういった作業自体が日本人英語学習者にとって，日英語の言語的距離の大きな隔たりを埋められると同時に，母語や外国語の効果的運用を実現させる大きな手立てになると考えるからです。つまり，両言語の特徴を踏まえることが，両言語の効果的運用やとりわけ母語の意識化にいかに有用であるかが分かるのです。

5.1. you vs.「あなた」

本節では，すでに第 2 章で取り上げた談話構造的機能の中核をなす主題 (theme)，情報 (information) 等に続いて，ダイクシス (deixis)，その中でも聞き手である英語の二人称代名詞 you を取り上げ，日本語の「あなた」との対照的考察から，両者が必ずしも一対一対応の関係にはないことを示したいと思います。また，次の二つの疑問に対しても，認知的・文化的視点から，可能な解答を提示します。

疑問 1　英語の二人称代名詞 you には，なぜ一人称的 you や三人称的 you が存在するのでしょうか。

疑問 2　日本人英語学習者は，なぜ一人称的 you を使うのを不得手とし，I や We などの一人称を使いがちなのでしょうか。

周知のように、英語の二人称 you には、聞き手を指す特定的 (specific) な用法と we や they, あるいは one などと同様, 人々一般を指す総称的 (generic) な用法があります。前者の用法の場合には、日本語では通例「あなた(たち)」が対応し、後者の用法の場合には、「人(々)」と訳すか、あるいは訳出しないのが通例です。

ところで、Petersen (1990: 70-71) は、you の総称的用法の例として (1) を挙げ、これは (2) のように言い換えられるとしています。

(1) *You* don't see many handicapped people on the streets of Tokyo.
(東京の街角で障害者を見かけることはあまりない)
(2) Anyone who visits Tokyo will be unlikely to see many handicapped people on the streets.

さらに、もっと正確に表現しようとすれば、(3) のようにも言い換えられると指摘しています。

(3) When *I* visited Tokyo, *I* didn't see many handicapped people on the streets.

つまり、英語では、話し手の経験から一般論を推定する場合、(1) のように主語を you にして表現することが実に多いのです。本来、二人称を指すはずの you が話し手を指している、いわば一人称的とでも呼べる you の例として、Pulvers (2001: 21) は、次の (4) を挙げています。

(4) *You* work like a dog. *You* try to make a nice life for

*yourself.　And where does it get *you*?*

（犬みたいに働いてさ。自分のためにいい生活を築こうとする。でも，それでいったい何が得られるっていうんだ？）

ここでの you は，二人称を指す特定的用法でもなく，総称的用法でもないもう一つの用法，すなわち，二人称の形で話し手が電話で友達に自分自身のことを話している一人称的用法の you です。

そこで，英語学習者の初歩段階では，I は「わたし」，he は「彼」，she は「彼女」，it は「それ」などと同様，you は「あなた」といった具合に，コインの表裏のように，いつもひっくり返されていたのが未だに踏襲され，いつまでたっても公式主義，形式主義の枠を超えられないのが現状のように思えます。このような状況を打開すべく，本節では，日本語の「あなた」との比較で，まず最初に，英語の you の特定的，あるいは (4) のような一人称的用法や以下に触れる三人称的用法，さらには非特定的な総称的用法を考察し，通常の場合，いずれの用法においても you が日本語の「あなた」とは必ずしも対応しないことを示します。また，二人称代名詞 you のより良い理解に向けて，「あなた」と比較しながら認知的観点から，さらには文化的観点からの考察を加え，先述の疑問 1 と疑問 2 に対する可能な解答を与えます。最終的には，you と「あなた」の対照的考察を通して，異文化の理解を見据えた文法教育の重要性を示唆したいと思います。

5.1.1.　you の特定的用法
5.1.1.1.　二人称の you
　まず最初に，you が聞き手を指す特定的用法を考えてみましょう。

(5) a. A sumo wrestler could lift that bed but *you* couldn't.

(お相撲さんはそのベッドを持ち上げることができるが、あなたは無理だ)

b. *You* wouldn't have a chance in the song contest because *you* haven't practiced enough.

(君は、今度の歌のコンテストでは勝ち目がないだろう。だって、十分練習してないもの)

c. *You* don't know what *you*'re talking about.

(あなたは自分で何を言っているか分かっていない)

d. That guy is a pushover for flattery. If *you* want him to help you, all *you* have to do is polish an apple or two.

(あの男はお世辞に弱い。君は、彼に手伝ってもらいたかったら、ごまをすりさえすればいい)

(5) の例では、you がいずれも聞き手を指し、文脈に応じて日本語では「あなた」、あるいは「君」と訳されます。これまで、日本人の英語学習者は、英文和訳という試験問題などの影響もってか、you が出てくると、いつでも「あなた」と訳す習慣がついてしまって、まさしく、(6b)-(8b) の機械翻訳の訳出のように、you と「あなた」はコインの表裏のように捉えられてきました。[2]

(6) a. Are *you* my teacher?

b. <u>あなたは</u>私の教師ですか。(→先生ですか。)

---

[2] 利用した機械翻訳ソフトは、「コリャ英和！一発翻訳 2015」です。

(7) a. Do *you* have *your* bag?
   b. あなたは,あなたの袋をもっているか。(→袋を持っていますか。)
(8) a. If *you* expect to get a raise, *you* have to show that *you* deserve it.
   b. もしあなたが昇給を得る予定であるなら,あなたは,あなたがそれに値することを示さなければなりません。(→昇給を期待するなら,それに値するということを示さなくてはならん。)

機械翻訳ならずとも,英語学習者は,I は「私」,he は「彼」,she は「彼女」,it は「それ」,といった具合に,you も半無意識的に「あなた」と訳出してしまいます。しかし,よく考えてみると,たとえば,(6b)のように,話し手が自分の先生(あるいは先生らしい人)に向かって話をしている状況で,「あなた」という呼びかけをすることは,通常はあり得ないことです。さらに身近な例として,"I love you." を「私はあなたを愛します」と訳したなら,全く日本語らしくありません。主語と目的語の代名詞を落として「愛しています」とすると,だいぶ据わりが良くなります。結局は,「好きです」といったところに落ち着きます。日本語への翻訳技術の一つに「英語の代名詞は訳文から切れ」という技術が存在する所以がここにあります(安西 (1990: 58-76) を参照)。よって,(6b)-(8b) の括弧内に示した訳のように,代名詞 you を落とすことによって自然な日本語表現が得られます。

さらに,周知の通り,英語の you に対しては,日本語では「あなた」をはじめとして,「あんた,君,おまえ,きさま,そなた,貴公,貴下」などが対応します。つまり,you が無色透明のごく

単純な人称代名詞であるのに対して，日本語の二人称代名詞は，それ自体，相手との地位・身分・年齢の違い，その場の状況，性別さえも表している場合が多く，それだけ情報に富み，デリケートであると言えます。[3]

したがって，特定用法の you の場合，「you＝あなた」であると同時に，多くの場合において日本語には訳されない，いわばゼロ対応であったり，そもそも英語と日本語の二人称代名詞は，その機能が本質的に異なっています。つまり，厳密には，「you ≠ あなた」であることを理解することが重要であるように思います。

5.1.1.2. 一人称的 you

次に，本来二人称を指すはずの you が話し手を指している例，いわゆる一人称的 you の例を考えてみましょう。

(9) It wasn't a bad life. *You* got up at seven, had breakfast, went for a walk. (Quirk et al. (1985: 354))

(生活は悪くはなかった。7時に起きて朝食をとり，散歩に出かけたりと)

上記例文は，Quirk et al. (1985) が総称的用法の一例として挙げているものであり，この場合，二人称の you で始まる第2文は，聞き手の体験ではなく話し手自身の体験として述べられていま

---

[3] 高 (1990) を参照。なお，松井 (1999: 62) は，「私」「僕」，あるいは「あなた」「君」などの一人称，二人称は，対話における対象との間の位置関係を表わす語であるとし，前者を「自称詞」，後者を「対称詞」と呼んでいます。同様に，金谷 (2003: 38-41) も日本語では，人称代名詞と呼ばれているものは実は名詞であると主張し，「人称代名詞」という呼び名を避けて，「人称名詞」という呼び名を用いています。

す。すなわち，話し手である一人称Ｉの関わっている体験の叙述に you が用いられているのです。このことによって，話し手の個人的な体験に直接関わりのない聞き手 you が，あたかも関わってるかのごとく表現されています。話し手の個人的体験が，一人称的 you の使用によって聞き手 you にも拡大される分，一般化が図られることにもなります。Quirk et al. (1985) が (9) を総称的用法の例としてあげている所以であろうと思います。仮に，(9) の代名詞 you を話し手Ｉに入れ替えると，単に話し手の過去の事実の叙述をしているに過ぎなくなるのは明白です。

また，次例を考えてみましょう。

(10) Referring to his repeated imprisonment, he says in his autobiography, "*Your* mind withers and *your* body freezes with dread the moment *you* step in the jail. It happens no matter how many times *you* go through the experience."

（たびたびの投獄経験があるが，「何度経験しても監獄に入る瞬間は，そのたびごとに心は萎え，恐怖で身がすくみます」（『新しき出発のために』朝日新聞社））

(*Asahi Weekly*, Vol. 31, No. 10)

(10) は，韓国の元大統領である金大中氏が投獄の体験を語った部分ですが，この例においても二人称代名詞は聞き手ではなく，話し手，つまり金大中氏自身であると解釈できます。聞き手を指すはずの you/your が話し手を指しています。二人称の代名詞がこのように使われることによって，金大中氏の個人的体験にとどまらず，そのような体験が聞き手にも関わっているかのごとく一

般化が図られています。この例で，(9) との比較で注目すべきは，動詞の時制です。金元大統領にとって，投獄は過去の体験であるにもかかわらず，現在形を用いて描写されています。長 (1996: 33) によると，一人称的 you は，一般的に口語体に用いられ，しかも単純現在時制とよく共起することが指摘されています。(10) においても，金氏自身の発言で用いられている単純現在形は，出来事が「いつ起こったか」よりは，「何が起こっているのか」といった出来事のあり方に焦点を当てていて，いわば時間を捨象していると考えられます。仮に，金氏が一人称で過去時制を用いて (10′) のように発したとしたら，当然，単なる過去の事実の叙述に過ぎなくなってしまいます。

(10′) *My* mind withered and *my* body froze with dread the moment *I* stepped in the jail. It happened no matter how many times *I* went through the experience.

しかし，(10) では，一人称的 you が単純現在時制と共起することにより，話し手自身のある特定の時間や場所における出来事・体験という性質が薄れ，その出来事・体験自体の一般性が一層高まるのです。

ところで，日本人の英語学習者は，(9), (10) のような例における一人称的 you をあまり得意とせず，このような場合に I や we といった一人称代名詞を使用する傾向があります。次の例は，日本人の書いた「we の一般論」の典型的な例として Petersen (2002: 215-216) が挙げているものです。

(11) There are many ways of eating rice cakes. *We* can eat freshly-pounded mochi with grated radish or soybean

flour (kinako). *We* call them oroshi-mochi and kinako-mochi, respectively. *We* can also toast mochi and eat it with sugar and soy sauce. *We* can also toast anko-mochi and eat it.

上例は，外国人に「餅を美味しく食べよう」と勧めている文からの抜粋ですが，日本人英語学習者は，we Japanese にしばしば代表されるように，このような場合，we を使いがちです。[4] We を使うと，they が対置されるために，ある種の排他性や優越性を主張しているように受け取られかねません。[5] このために，Petersen (2002: 216) は，we に含まれていない者は，いったい誰のことなのかという疑問が想定されてしまい，(11) では，すべての we を you に書き換えることによって，問題が解消されることを指摘しています。

(12) There are many ways of eating rice cakes. *You* can eat freshly-pounded mochi with grated radish or soybean flour (kinako). *You* call them oroshi-mochi and kinako-mochi, respectively. *You* can also toast mochi and eat it with sugar and soy sauce. *You* can also toast anko-mochi and eat it.

---

[4] ミントン (1999: 27) では，日本人のよく使う we Japanese という表現が，英語母語話者からは傲慢な人だと誤って受けとられてしまう恐れがある，と指摘されています。

[5] 逆に，自己中心的になるのを避ける目的で使われる we や，親が子に対し，あるいは教師や医者が生徒や病人に対して，感情移入をして相手に自分を同化するのに使われる we などもあります。前者の we は「主筆の we」(editorial *we*)，後者の we は「親心の we」(parental *we*) とそれぞれ呼ばれています。

当然のことながら，(12) を日本語にした場合，you を「あなた (たち)」と訳すことはできません。やはり，「私たち」と訳すか，(13) のように，you を訳出しないのが普通であろうと思います。

(13) 餅にはいろいろな食べ方があります。つきたてのお餅は，大根おろしやきな粉にまぶして食べることができます。これらをそれぞれ「おろし餅」と「きな粉餅」と言います。餅を焼いて「砂糖醤油」で食べることもできます。「あんこ餅」を焼いて食べることもできます。

ここで扱った (9), (10) についても，一人称的 you に対して日本語の「あなた(たち)」は，決して対応せず，「私(たち)」と訳すのがせいぜいであり，通常は，訳出しません。よって，一人称的 you については，「you ≠ あなた」は明白です。と同時に，この場合の you には，話し手に関わる出来事・体験に，聞き手をも引き込む働きがあります。話し手の個人的な出来事・体験が聞き手にも拡張することで，その分一般性が高まり，さらに単純現在時制との共起で時間的捨象が生じ，一般性・総称性が一層高まることになります。

5.1.1.3. 三人称的 you

次に，二人称代名詞 you が前節の一人称的 you に続き，発話場面における聞き手ではなく，今度は第三者を表わす三人称的 you を考察します。このような例の存在については，すでに牛江 (1995, 1997)，あるいは長 (1996) などにおいて指摘され，さまざまな検討が加えられていますが，ここでは，まず，(14) を考えてみましょう。

(14) I admire people who give public service. *You* lose *your* privacy. *You* can be denigrated by the press.

(公務に携わる人々には感心する。だってプライバシーも無ければ，報道関係者に傷つけられることだってあるのだから)

(牛江 (1995: 129))

(14) では，第2文，第3文での you がいずれも先行する発話で言及されている「公務に携わる人々」を表していると解釈されます。もちろん，話し手も聞き手も公務に携わる人間ではないので，明らかにこの you は，三人称的な you と言えます。ここで仮に，三人称的 you の代わりに they/their を用いると，単なる事実の叙述となってしまいますが，you を用いることによって，you で指し示されている対象（ここでは，公務に携わる人々）が置かれている状況に，聞き手自身を置くように仕向けられているように感じられます。これによって，「公務に携わる人々」の状況や経験が，もっと広い範囲の人々にも当てはまり得るという一般化が図られます。

当然のことながら，(14) の三人称的 you についても，日本語の「あなた(たち)」が対応しないことは明白でしょう。この例においては，訳出しないのが普通です。あえて訳出したとしても，you を「あなた(たち)」ではなく，この場合の you が実際に指し示す「彼(ら)」ということになります。ここでも，一人称的 you の場合と同様に，改めて「you ≠ あなた」ということを認識しておく必要があります。

5.1.2. you の総称的用法
5.1.2.1. 総称的な we, they との比較

本節では，二人称代名詞 you が特定の人ではなく，広く一般の人を指す総称的な使い方の you を考えてみます。周知のように，総称的な使い方は，二人称代名詞 you に限らず，複数の一人称 we や三人称 they などにも見られます。Quirk et al. (1985: 353-354) は，このような例として，以下の例文を挙げています。

(15) a. *You* can never tell what will happen.
　　b. These days *you* have to be careful with *your* money.
　　c. *We* live in an age of immense changes.
　　d. *They* say it's going to snow today.

(15a, b) の you と (15c) の we は，それぞれ聞き手や話し手に限定されずに，人々一般 (people in general) を指しています。また，(15d) の they についても，先行文脈で言及されている人々を指すのではなく，話し手と聞き手以外の不特定の人々を指しています。

しかし，Quirk et al. (1985: 354) も指摘するように，総称的な we, you, they が広く一般の人を指すとは言っても，それぞれの代名詞には，一人称，二人称，三人称の原義が残されているようです。たとえば，次の (16) において，we も you も漠然と「当地の人」を意味する総称的な例です。

(16) a. *We* (?*You*) had a lot of snow here.
　　b. Did *you* (?*we*) have much snow here?

仮に (16) において，we と you とを入れ替えて括弧内の代名詞

を用いると，明らかに不自然に感じられます。これは，(16a) では話し手自身が，(16b) では聞き手自身が当地の人間であるという含意があるためであると考えられます。また，斎藤・安井 (1983: 151) は，総称的な we と you を含む次例において，基本的には同じ意味であるとしながらも，微妙なニュアンスの差があることを指摘しています。

(17) a. *You* must not tell lies.
　　 b. *We* must not tell lies.

つまり，we を使った場合には，謙虚さが含意されるので，柔らかな物の言い方になるのに対して，you では対決姿勢が出て，教訓的なもの言いになりやすくなります。[6] さらに，Chene (1997: 82) は，総称的な you と they との比較から，それぞれの代名詞が使われやすい環境を指摘しています。

(18) a. *They*/*You raised the tax rate again.
　　 b. *They*/*You never repair the road.
(19) a. If *you*/*they melt the cheese that way,
　　 b. *You*/*They can see Mt. Fuji.

---

[6] 総称的な you と we のニュアンスの違いについては，さらに，次のような例を挙げることができます。
　(i) a. You can't smoke. (= Smoking is not allowed.)
　　　b. We don't smoke here.
たとえば，禁煙車両であるにもかかわらず，これを無視して平気でタバコをふかしている乗客に，車掌が (ia) を発したとすると，厳しい禁止的な命令ふうの注意として受け止められるでしょう。(ia) の you を we に替えて (ib) のように発すると，禁止的・命令的なことばの鋭さは消えて，乗客には柔らかい，角の立たない表現として響きます。

c.　*You*/*They should eat lots of carrots.

総称的 they は，(18) からも明らかなように，特に「政府，警察などの当局」といった集合的な意味で使われるのが多いのに対して，総称的 you は，(19) に示されるように，条件文や可能性・必然性などを表す法助動詞を含む文などにおいて使われるのが一般的です。

　総称的な we, you, they に関する以上のような観察から，各々の代名詞には，一人称，二人称，三人称それぞれの原義が保持されていると考えられます。すなわち，同じ一般化の表現ではあっても，総称的 we では話し手を，総称的 you では聞き手を，さらに総称的 they では第三者を中心に据えた一般化であると言えます。

　同様に，神尾 (2002: 82-90) も，氏の提唱する情報の縄張り理論の枠組みを用いて，総称的代名詞の分析を行っています。つまり，結論的には，総称的 we が話し手の縄張り，総称的 you が聞き手の縄張り，さらに総称的 they がそれらの外側，すなわちそのどちらでもない第三者的存在を表すものとして捉えています。このような捉え方は，日英語の指示詞にも同様に適用できるものとして，次のような図を提示しています。

(20) a.

this/これ	that/それ	
		that/あれ

b.

we	you	
		they

(20) の図において，上位の線分は，会話が行われる会話空間 (conversational space) と呼ばれる領域を表し，下位の認知空間 (general perceived space) と呼ばれる領域の左端を占めるものとして想定されています。ここで，(20b) の総称的 we, you, they は，それぞれ日本語の「われわれ」「あなたがた」「彼ら」などに対応しますが，これらの代名詞にも総称的用法があることは確かです。したがって，たとえば (15) の各例文の総称的代名詞を「われわれ」「あなたがた」「彼ら」などと訳しても構いません。[7] しかし，日本語では，すでに見た特定的代名詞の場合と同様，総称的代名詞の場合も訳出されないのが普通です。このことは，さらに日本語だけの例を考えても明らかでしょう。

(21) a. 通常，5 時には仕事を切り上げる。
　　b. こんなことでいいのか。
　　c. 雪はめったに降らない。

(21) では，それぞれ「我々は」「君たちは」「あの国では」などのように，一人称，二人称，及び三人称の総称的代名詞が意図されていますが，これらは表面に生じないのが通例です。よって，ここでも you が日本語ではゼロ対応であることが，他の総称的代名詞と同様に再確認できます。

5.1.2.2. 一人称的 you，三人称的 you との比較

これまで，すでに見た以下のような例文 (5a), (9), (14),

---

[7] 英語では，一般に we/you/they などの人称代名詞が複数形になると，その指示機能が拡大して指示対象において人称の区別が厳密になされなくなります。

(15a) を再度考えてみましょう。ここでは，それぞれ (22a-d) として繰り返します。

(22) a.　A sumo wrestler could lift that bed but *you* couldn't.
　　 b.　It wasn't a bad life.　*You* got up at seven, had breakfast, went for a walk.
　　 c.　I admire people who give public service.　*You* lose *your* privacy.　*You* can be denigrated by the press.
　　 d.　*You* can never tell what will happen.

(22a) において，you は，明らかに聞き手を指し示す特定的用法の二人称 you の例です。これに対して (22b) と (22c) の you は，二人称代名詞でありながら，それぞれ話し手である一人称と公務に携わる人々である三人称を指し示す例です。いずれにおいても，一人称 I なり三人称 they なりの体験・出来事がそこだけにとどまらず，二人称 you の使用によって，聞き手との関わりが作り出されるという効果を読み取ることができます。聞き手自身をその体験・出来事につながりを持たせる分，一般化，あるいは総称化が図られるということもできます。特に，(22c) では，このような you が単純現在時制との共起によって，時間的捨象が生じて一層の総称化が図られることもすでに指摘しました。さらに，(22d) の you ついては，明らかに非特定的な総称的 you の例です。

　ここで重要と思われる点は，(22) のそれぞれの you を，いわば総称性 (genericness) の連続として捉えられるということです。つまり，次の (23) に示されるように，左端に特定的 you を，右端に総称的 you を，そして両者の中間に一人称的 you と三人

称的 you を位置づけることができます。

(23)　特定的 you　　　一人称的・三人称的 you　　　総称的 you
　　　　|―――――――|―――――――|
　　　(22a)　　　　　(22b)(22c)　　　　　　(22d)

したがって，一人称的・三人称的 you と総称的 you との差は，総称性における段階的な差として捉えることができます。加えて，後者が客観的・中立的な一般化を表すのに対して，前者は一人称なり三人称なりの個人的体験・出来事に聞き手を関与させたいための主観的な一般化であるといえます。

5.1.3. 二人称代名詞 you のより良い理解に向けて
5.1.3.1. you vs.「あなた」の認知的側面

　以上見てきたように，英語の you には，聞き手を指す特定的用法のみならず，話し手や第三者までをも指す，いわば半特定的・半総称的用法や一般の人を表す非特定的・総称的用法があることがわかります。このような英語の you に対して，従来，全く同一なものとして捉えられてきた日本語の「あなた（たち）」は，必ずしもコインの裏表のような1対1の関係にあるのではなく，むしろ，you に対照強勢が置かれるような特別な場合を除いては，you は日本語に対応する表現を持たないとすら言いうるように思われます。このような you と「あなた」の関係は，次節で論じられる it と「それ」との関係を想起させます。[8]

---

[8] Kaltenbock (2003: 248) では，代名詞 it の指示性に関して，概略，次のような連続性を提示しています。

英語の人称代名詞 it には，情報の既定度の高さを合図するマーカーとしての機能が備わっていて，通常の場合，日本語の「それ」とは対応しません。It は，日本語の「それ」を含むいわゆる「こ・そ・あ」の体系が話し手が聞き手との距離をどのように捉えているのかを表すのとは異なり，話し手がある事柄や情報を既定的なものとして認知していることを表します。これと同様に，日本語の「あなた」を含め「あんた，君，おまえ，きさま，そなた」などが話し手が聞き手との地位・身分・年齢の違いなど，(社会的)位置関係をどのように捉えているのかを表すのに対して，you は，そのような位置関係を表さず，ほとんど無色透明といってもよく，単に聞き手を発話場面に引き込む機能を有するだけです。言葉は，ある意味では，われわれの認知能力の反映として捉えることができますが，この観点から you と「あなた」とを比較してみると，後者は話し手が聞き手をどのような（社会的）位置関係として認知しているのかの反映であるのに対して，前者にはそのような認知の反映を認めることはできません。

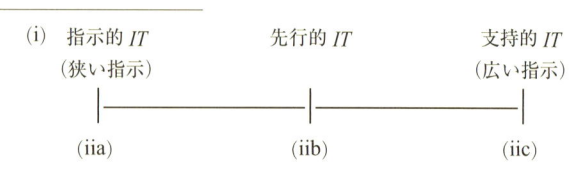

(i)　指示的 *IT*　　　　　先行的 *IT*　　　　　支持的 *IT*
　　（狭い指示）　　　　　　　　　　　　　　　（広い指示）
　　|————————————|————————————|
　　(iia)　　　　　　　　(iib)　　　　　　　　(iic)

各種 it の代表的な例は，それぞれ以下の通りです。

(ii) a. *It's a bit of a nuisance, the decorating of the room.* ［指示的 *it*］
　　b. *It's interesting that John went to London.* ［先行的 *it*］
　　c. *It's late. / It's hot.* ［支持的 *it*］

すでに見た (23) のような you の連続性も，(i) のような it の連続性を想起させます。

5.1.3.2. you vs.「あなた」の文化的側面

　ここで，英語の二人称代名詞 you には，聞き手を指す場合のみならず，先の疑問 1 である「なぜ一人称的な用法や三人称的な用法があるのか」を考えてみましょう。また，これと合わせて，すでに 5.1.1.2 節で見たような例において，「日本人英語学習者は，なぜ一人称的 you を使うのを不得手とし，I や we などの一人称を使いがちなのか」という疑問 2 についても，その理由を考えてみます。

　単なる一つの代名詞 you にしても「あなた」にしても，それが用いられる文化・社会とは切っても切り離せない関係にあることは確かなことです。そこで，日本文化を解く鍵となる「ウチとソト」という概念に注目してみましょう。日本という社会では，「ウチ」の最小単位である「私」を中心にして，話し手が強く共感できる話し手側の人間から弱い共感を抱ける人間までが仲間として同心円の内側にあって，その円の「ソト」に，いわゆる他人が心理空間として配置されています。これを図示すると (24a) のようになります。[9]

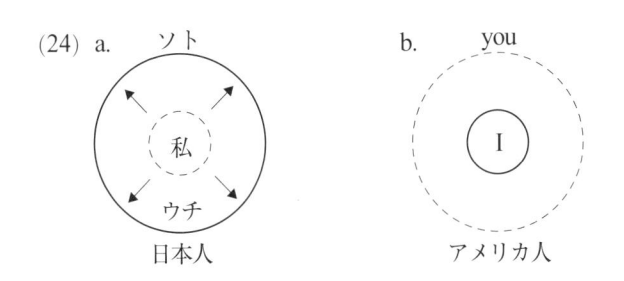

(24) a. 日本人 — ソト / 私 / ウチ
　　 b. アメリカ人 — you / I

---

[9] 井出 (1995: 57) を参照。井出は，「ウチとソト」に「ヨソ」を加えて三重の同心円を提示しています。なお，(24) の図中，「日本人」と「アメリカ人」は，それぞれ日本語母語話者と英語母語話者を表しているものとします。

日本人の場合，話し手（私）を囲む殻は壊れやすいので，このことを点線で表しましょう。その点線の「ウチ」が比喩的に「我が家」になり，「我が村」「我が町」「我が校」「我が（会）社，さらには「我が国」といった具合に拡大します。このようなことから，牧野 (1978: 26) は，日本人のエゴを「拡大エゴ」と呼んでいます。この「拡大エゴ」と「ソト」との境界は，厚い壁で隔たっているので実線で表されています。つまり，日本人は，「ウチ」と「ソト」の概念が根底に流れる文化を有していると言えます。

　これに対して，アメリカ人の場合，誰にも依存しない独立した固体としての個人を何よりも尊重する，いわば個人主義的です。個人主義の社会では，「ウチ」や「ソト」の区別よりも，「私」と「あなた」など個人と個人の対比が尊重されます。そこで，(24b) が示すように，相対的にしか存在しない「拡大エゴ」とは違って，絶対的に存在する話し手 (I) の周りの殻だけが厚いので実線で表され，「ソト」との峻別よりも他者との均等性が尊重されるので，外側の円は点線で表されます。つまり，対話の場面では，話し手 (I) は，「you と話しているこの自分」でしかなく，I とは非 you であり，逆に you は非 I を意味し，両者は相互排他的です。

　以上の考察を踏まえて，本節の最初に掲げた二つの疑問に答えてみましょう。まず，英語の二人称代名詞 you には，なぜ一人称的 you や三人称的 you が存在するのでしょうか。(24b) からも明らかなように，話し手を包む殻は厚いのですが，ウチとソトの区別はなく，話し手 (I) と他者，典型的には聞き手 (you) との均等性，すなわち次の (25) がアメリカ人の基本的価値観としてあるように思われます（Sakamoto and Sakamoto (2004: 1-5) を参照）。

(25) You and I are equals.

一人称的 you は，まさしくこのような価値観を根底に据えた文化の言語的反映であると捉えることができます。したがって，一人称的 you を含む (9), (10) のどちらの例においても，「何も私だけのことではなく，あなたが私のような立場に立ったとしても，…」といった一般論的ニュアンスが生じるのです。また，三人称的 you についても，he なり they なりの三人称が (24b) における厚い殻で包まれた話し手（I）以外の部分（非 I），すなわち you という言語形式をまとって表現されたものとして捉えられます。

　次に，もう一つの疑問，つまり「日本人英語学習者は，なぜ一人称的 you を使うのを不得手とし，I や we などの一人称を使いがちなのか」ということについては，(24a) の「拡大エゴ」が原因であると思われます。少なくとも「ウチ」と認識される人なり事柄に言及する限りにおいて，日本人の英語学習者は I や we を使用する傾向にあると考えられます。たとえば，(11) などは，外国人，つまり「ソト」を意識して，「ウチ」のことを記述するのに使われた we の典型例と言えるでしょう。さらに，総称的な you を含む次の例も考えてみましょう。

(26) And so, my fellow Americans, ask not what *your* country can do for *you*; ask what *you* can do for *your* country.
（だから，私の友，アメリカ国民の皆さん，祖国が自分たちに何をしてくれるかを問うのではなく，自分たちが祖国に何ができるかを問うてください）

(26) は、John F. Kennedy の演説の有名な一節ですが、you は明らかに聴衆を含むアメリカ国民一般を表す総称的用法の you です。英語では、演説のような相手に対しての呼びかけ形式で you が用いられるのは普通のことです。しかし、(26) における you/your を文字通り「あなたたち(の)」と訳すと、演説の場面では、不自然な日本語表現となってしまいます。日本語では、(24a) からも明らかなように、話し手が聞き手を「我が仲間」「我が党員」「我が国民」といった「拡大エゴ」、すなわち「ソト」に対する「ウチ」の領域内に属するものと捉え、(26) の括弧内の日本語訳が示すように、私たち⇒自分たち、私たちの国⇒祖国といった具合に表現されるのが普通です。このために、日本人英語学習者は、(26) のような例においては、you/your よりもむしろ we/our を使ってしまう傾向にあると思われます。[10]

5.1.4. まとめ

以上のような you と「あなた」との対照的な考察を通して、それぞれを使用する人々の文化的・社会的背景も浮き彫りとなりました。つまり、日本語の「あなた」には見られない英語の一人称的 you や三人称的 you などの用法は、明らかに (25) の "You and I are equals." といった価値観を基盤とする英語圏の文化に根ざしたものとして捉えることができます。また、日本人英語学習者が一人称的 you の使用を苦手とする理由を考えることにより、(24a) に図示されるとおり、「ウチとソト」の峻別を基盤とする日本語文化の存在が明らかとなりました。日本語文化圏におい

---

[10] (26) において、you(r) を we/our/us に替えると適格文ではありますが、演説の場面では、なんともインパクトに欠ける表現となってしまいます。

て，(24a) のドーナツ部分を，実線の内側なので拡大エゴとして捉えて英語の we と対応させてしまうのに対して，英語文化圏では，(24b) のドーナツ部分が実線の外側なので非 I，つまり you なのです。日本人が一人称的 you の使用を苦手とする理由は，まさしく (24a) と (24b) のドーナツ部分の相違として捉えられるのではないかと考えられます。

　金谷 (2002: 184) が文法学習は文化学習であると指摘するように，本節では，you と「あなた」との対照的考察を通して，文法学習が文化学習に通じることを示しました。外国語を学ぶことと共に，自らの文化的価値観だけではなく，その外国の文化的価値観にも気づくことにより，異文化を理解することの重要性を学ぶことができるのではないでしょうか。言語と文化の相互の関係を解き明かすことは，異文化の理解や異文化コミュニケーションに寄与できる道の一つであろうと思います。

5.2　it vs.「それ」

　英語学習者の中には，英語の it を「それ」という日本語と対応させて考えている人が多くいます。当然のことながら，相手の持っているものを指して「それは何ですか」という日本語に対して，次のように英訳しがちです。

　(27)　What is *it*?

逆に，(28a) のような英文を与えると，何の疑問も抱かず，あたかも機械での翻訳のように第 2 文を「それは，あなたの犬です」と和訳してしまいます。

(28) a.　This is not my dog.　*It* is your dog.
　　b.　これは，わたしの犬ではありません。それは，あなたの犬です。

実際，(28b) は，機械翻訳ソフトを用いて日本語に直した例です。[11] (27) の英訳にせよ，(28b) のような和訳にせよ，いずれも英語学習者が it と「それ」をコインの裏表のようにひっくり返してしまうことから生じる，言い換えるならば母語の干渉による誤りです。

そこで，本節では，初期英語学習者によるこのような誤訳の原因を探り，that との比較，あるいは日本語の「それ」との対応関係も考慮しながら，代名詞 it に検討を加え，it の本質的特性として「既定性」という概念が極めて重要であることを明らかにします。また，英語学習者の上記のような誤訳を防ぐために，代名詞 it の運用に繋がる文法指導のあり方を示唆したいと思います。

5.2.1.　it の正体

本節では，代名詞 it の正体を明かすべく，まず最初に that との比較を通して照応的な it を考察し，その本質的な指示特性に迫ってみます。また，日本語の指示詞「それ」との対応関係について論じることにより，it の本質をさらに浮き彫りにしてみましょう。

5.2.1.1.　that との比較

代名詞 it は，次例からだけでは，一見，that と相互に交換可能

---

[11] 利用した翻訳ソフトは，「コリャ英和！一発翻訳 2015」です。

であるように思われます。

(29) a. She bought <u>a blanket</u> during her lunch hour and brought *it*/*that* back with her to the office.
(彼女は昼食時にブランケットを買ってきて，事務所に持ち帰った)

b. Tom knew <u>that Joanne wanted to sell the car</u>, and *it*/*that* bothered him considerably.
(トムは，ジョアンが車を売りたがっていることを知っていたが，そのことで彼はかなり悩んだ)

(Kamio and Thomas (1998: 289-290))

(29) においては，実際，it と that が共に同一の先行する下線を施した名詞句，あるいは節を指しています。しかし，Kamio and Thomas (1998) では，両者が機能的，語用論的に異なった指示特性を示すことが具体的に検証されています。たとえば，次の例を考えてみましょう。

(30) [A rushes into the room excitedly]
A: Guess what! I just won the lottery.
B: *It/*That*'s amazing!

(Kamio and Thomas (1998: 291))

A が部屋に興奮して飛び込んできて，A と B との間で交された (30) のような会話において，「宝くじに見事当たった」という A の発した情報は，B にとっては初めて得た情報です。このように予期しない知らせを聞いて驚嘆する場合，B は，A の発した陳述内容を that で受けることはできても it で受けることはできません。このことから，it の指示特性として (31) を仮定できま

す。[12]

(31) it の指示対象 (referent) は話し手にとって既定的な (anaphoric) ものでなければならない。

一方，that の指示対象にはこのような制約はなく，よって，(30) のように，A の発話により B が初めて得た情報であっても構いません。

指示特性 (31) は，次の例を考えることによって，一層明確となります。

(32) A: Guess what! I just won the lottery.
    B: (Yes,) *it*'s amazing! I heard about it on the radio, and I've invited everyone on the block to our house for a party!

(32) のように，A の発話に先立って，B がすでに A の宝くじに当たった事実をラジオニュースで知っているという状況ならば，既定的な知識である A の陳述内容を it で受けることは可能となります。また，次の (33) においては，B1, B2 のように先行する A の発話を that，あるいは it のいずれかで指示することが可能です。

(33) A: Overnight parking on the street is prohibited in Brookline.
    B1: *That*'s absurd! / B2: *It*'s absurd!

---

[12] Kamio and Thomas (1998) は，既獲得知識 (prior knowledge) という概念を導入しますが，ここでは中右 (1994) に倣い既定性 (anaphoricity) を用います。なぜそうするのかについての詳細は上山 (2001) を参照してください。

しかし，この場合，that を用いるか it を用いるかによって，重要な相違が認められます。Kamio and Thomas (1998) は，that の用いられている B1 がブルックライン市の条例を知らない他の町からの訪問者の発話であるのに対して，it の用いられている B2 は，ブルックライン市の駐車規則をよく知っているこの町の住人の発話である，という相違を指摘しています。この事実も，it の指示対象は話し手にとって既定的な知識ですが，that の指示対象は話し手にとって新たに獲得した情報でもよいことを示唆しています。つまり，指示代名詞 that の場合には，指示対象の既定性を問わないということになります。

5.2.1.2. 「それ」との比較

すでに 5.2 節でも触れたように，相手の持っているものを指して「それは何ですか」という日本語に対して，初期の英語学習者は，「それ」と "it" とを対応させて，次のように英訳しがちです。

(34) What is *it*? (= (27))

しかし，(34) の文は，明かに誤りです。(31) のような it の指示特性により，it は，一度話題に出たものを受けることはできても，初めて話題にするものをいきなり it で表すことはできません。これは，次の Beth と Koji の対話からも明かである。

(35) Beth: What's *that*?
     Koji: This? *It*'s a Korean-Japanese dictionary. I started to study Korean this summer vacation.

つまり，(34) では，(35) の Beth の発話に倣って，it の代わりに

that を用いなければなりません。

　一般に, 日本人の英語学習者は, 日本語の「これ」―「それ」―「あれ」という指示詞体系の中に人称代名詞の it (they) をほうり込んで, それぞれ this (these) ― it (they) ― that (those) を対応させ, なんとか辻褄を合わせようとしがちです。しかし, 次の図1と図2がそれぞれ示すように, 日本語の指示詞は「これ」「それ」「あれ」, すなわち「近称」「中称」「遠称」の三つであるのに対して, 英語の指示詞は this と that, すなわち「近称」「遠称」の二つであり, 日本語の「それ」と「あれ」の両方が英語の that で表されます。

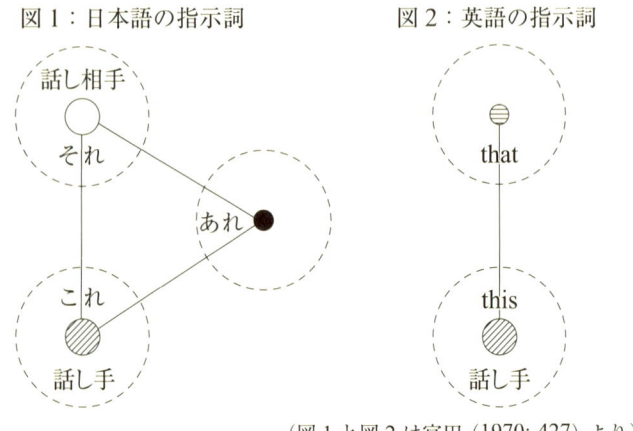

図1：日本語の指示詞　　図2：英語の指示詞

(図1と図2は宮田 (1970: 427) より)

　そこで, 次のAとBとの対話を考えてみると, Aの発話は状況によって二つの異なった解釈が可能となります。

(36)　A:　What's that?
　　　B:　It's a rabbit.

もし話題になっているものが，A, B両者から離れた所にあれば(37a) となり，もしBの近くか，あるいはBの持っているものであれば (37b) のようになります。

(37) a. あれは何ですか。
   b. それは何ですか。

ところが，Bの発話の日本語訳は，上記のような状況が想定された場合には，英語学習者がよくする「それは兎です」のような訳とは決してなり得ないでしょう。AからもBからも離れた所にあるものなら (38a) のように，また，Bの近くかBが自分で持っているものを指して言うのであれば (38b) となります。

(38) a. あれは兎です。
   b. これは兎です。

実際，(36) のAの質問に対して，(39) のように答えることも可能です。

(39) That/This is a rabbit.

(39) に対応する日本語訳がそれぞれ (38a) と (38b) であるとすると，(36) のBの発話には，どのような日本語訳を考えたらよいのでしょうか。おそらく，「兎です」といった主語が表面に現れない訳，いわゆるゼロ代名詞が普通であろうと思われます。

したがって，日本語には英語の人称代名詞 it に相当する語がないと言うこともできます。事実，日本語への翻訳技術の一つに，it に限らず一般に「代名詞を切れ」という技術があることも，英語の it に相当する語がないとする捉え方の傍証となるであろう

と思います。[13]

(40) a. Everybody knows it.
b. 誰でも知っているさ。

(40a) の英語の調子に最も近い和訳は，口語体であるとしたら，「それ」抜きで訳す (40b) のような表現であろうと思われます。[14] もちろん，(41a) のように「それ」を加えて訳さないと何となくつながりが悪い場合も実際には起こりうるかもしれませんが，(41a) を英訳するのであれば，(41b) のように that を使うほうが適切です。

(41) a. それは誰でも知っているさ。
b. Everybody knows that.

ところで，先に見た (35) の対話は，日本語では次のように捉えることができます。

(42) Beth: それは何ですか。
Koji: これですか？　φ 韓和辞書です。…

英語の it は，空間的関係を示す this や that などとは異なって，話

---

[13] 代名詞に関する翻訳技術については，安西 (1990: 59-77) を参照。

[14] これとは逆に，it をあえて訳さなければならない場合もあります。たとえば，別宮 (1979: 75-77) では，そのような例として (ia) を挙げています。
  (i) a. It was when I was staying near London.
     b. ロンドンの近くにいたときのことでした
(ia) は，通常は (ib) のように訳されますが，状況，あるいは語り口によっては，「それは …」か，自分の記憶をまさぐっている感じを出したい場合には「あれは …」を付け加えたほうがいいかもしれない，と指摘しています。たかが it でも，状況に応じた訳をする必要があるということでしょう。

し手と聞き手との間に交される話の中に現れたもの，あるいは話題としてすでに話し手の意識の中にのぼった既定的なものを指し示すための代名詞です。日本語には，このような代名詞 it に対応する表現がないのですから，表面に現れないのは当然のことと言えます。

5.2.2. it に関する留意点

本節では，このような考えに立つ場合に，it に関して留意しなければならない点を，二つ指摘したいと思います。

第一点目は，it は，本当に日本語の「それ」と訳すことができないのであろうか，とうことです。中学校英語教科書や英和辞書には，必ずといっていいほど it を「それ」と対応させた例が見られます。

(43) a. I keep *it* in my room.
(私はそれを部屋にとってあります)
b. "What is a lion?" "*It*'s like a very large cat."
(「ライオンとはどんなものですか」「(それは) とても大きなネコのようなものです」)

しかし，日本語の「それ」は，空間的な関係を示す指示詞で，英語ではむしろ that に対応するのに対して，it は，話し手にとっては既知情報のいわば既定度の高さを合図するマーカーであると捉えられます。言い換えるならば，it は，同一名詞句の繰り返しを避けるための，意味的には空に近いものなのです。

(44) a. I'll get THAT. (私がそれをとります)
b. I'll get it. (私がとります)

仮に対照強勢（contrastive stress）が置かれる（44a）のような有標（marked）である場合には，通常は強勢を伴わない it の代わりに that が用いられて日本語の「それ」が対応します。[15] ところが，強勢が置かれていない（44b）のような無標（unmarked）である場合には，it が用いられるものの，日本語で対応する表現がありません。したがって，it が「それ」と対応する場合があるとしたら，それは，対照強勢が置かれるなどの有標の場合です。また，次例のように，指示代名詞 that を受けて it が用いられる場合も，当然の事ながら「それ」に対応することになります。

(45) Let's go of that before you break it.
　　　（それを壊さないうちに手放しなさい）

それ以外は，やはり it に対応する日本語は存在しないと考えるのが妥当であろうと思います。

　留意すべきもう一つの点は，it の既定性の度合いという点についてです。この点を考える上で参考となるのが，Yule (1998: 14) です。Yule は，名詞句の表す情報の予測可能性という観点から，次のような階層を提示しています。

---

[15] 英語の代名詞は，形態論的には，強勢が置かれない無標の場合も，対照強勢がおかれる有標の場合も，全く同一の語を使用しますが，3人称・単数・中性の場合のみ，前者の場合は it，後者の場合は that という異なった語を使用します。神崎 (1994: 9-10) を参照。

(46) Least predictable information
　　　↑　(New information)
　　　　　　Indefinite article + Noun:　a woman
　　　　(Old information)
　　　　　　Definite article + Adjective + Noun:　the first woman
　　　　　　Definite article + Noun:　the woman
　　　　　　Pronoun:　she
　　　↓　Zero form:　They stop and ϕ chat.
　　　Most predictable information

ここで注目すべきは，she, it, they 等を含む代名詞がゼロ形式 (zero form) に隣接して位置付けられている点です。このことは，代名詞の指示対象が，すでに話題として話し手の意識の中にあって，表現されずとも聞き手（読み手）にとっては予測可能であろうと，話し手（書き手）には想定されているのではないか，ということを思わせます。それほどまでに，既定性の度合が高いと言えるでしょう。意味的にも，代名詞はほぼゼロ形式 (ϕ) に近く，せいぜい男性・女性・中性などの性や単複などの数に関するいわば文法的意味を提供するという点でゼロ形式と異なるだけです。このことが，日本語への翻訳に際して，よく「人称代名詞をできる限り削る」と言われる由縁であろうと思います。

5.2.3. it への教育的配慮

最後に本節では，再度，母語である日本語との対応という観点から，英語運用に役立つ代名詞 it の指導の在り方を問い直してみましょう。

すでに 5.2.1.2 節でも指摘したように，代名詞 it は，基本的には日本語の中に対応する表現を持たないと考えられます。にもかかわらず，英語学習の初期段階において，it と「それ」とをあたかもコインの表と裏のような関係で英語学習者に刻み込ませてしまうのは，両者の正しい理解を図る上で，以後の英語学習に大きな後遺症として残してしまいます。その後遺症の一例が 5.2 節の最初に挙げた (27) や (28a) における it の誤訳なのです。

英語の it と日本語の「それ」とが同一のものではないことを示す例として，さらに (47) や (48) のような例を挙げることができます。

(47) a. What a beautiful baby—is *it* a boy?
(なんてきれいな赤ん坊でしょう，男の子ですか)
b. "Grandmother!" he called at the door. "Who is *it*?" came the reply.
(「おばあさん」と彼はドアのところで叫んだ。「どなた」という返事がした)

(48) A: What is that? ((手の中にある) それは何だ？)
B: *It*'s a pen with a calculator.
(*それは／φ 計算機付のペンだ)

英語では (47a) のように，性別がはっきりしない時には it が用いられますが，日本語では赤ん坊を「それ」と呼ぶことはできず，せいぜい「赤ん坊は」と繰り返すしかありません。また，(47b) のように，誰だかわからない人を指す場合にも，英語では it が使用されるのに対して，日本語ではその it を「それ」と訳すことはできません。さらに，(48) のような対話の状況において，話し手

Bが自分の手の中にあるものを指して「それ」ということはできず、この場合は、せいぜい「これは」と訳すか、むしろ何も訳さないのが普通です。

しかし、ここで英語学習者にとって重要なことは、it と対応する日本語を探し当てることではなく、むしろ it の指示特性 (31) を捉えることであると思います。(47), (48) において it が用いられているのは、その指示対象が話し手の意識の中にすでに話題として想定されている既定的なもの、ということを示すためなのです。[16] つまり、it は、情報の既定度の高さを示すマーカー、すなわちその指示対象が、いわば話し手が「心に抱いて語らないもの」なのです（本田 (1997: 61) を参照）。このような理解に立つならば、一義的に it＝「それ」という誤った対応関係が払拭され、いわゆる母語の干渉も起らないでしょう。

5.2.4 まとめ

以上、5.2 節では、英語の人称代名詞 it と日本語の「それ」との関係が、従来、中学校の英語教科書、あるいは英和辞書の記載にあるような、必ずしもコインの裏表のような 1 対 1 の関係にあるのではなく、むしろ it は、通常の場合、日本語に対応する表現を持たないと捉えるべきことを指摘しました。また、これまで、さ

---

[16] Hinds (1986: 9) は、聞き手の立場に立って、一般に代名詞には、(銃の)引金機能 (triggering function) があることを主張しています。すなわち、聞き手は、代名詞を耳にした瞬間、それが引金となって、その代名詞の適切な先行詞を決定する作業に取り掛かる、というのです。これとほぼ同様のことは、定冠詞 the についても言えます。安井 (1978: 205) は、the が聞き手に対して、次のことを合図する機能を担うとしています。
  (i) 場面または文脈を見てください。他ならぬあるものを示そうとしているものであることが分かるはずです。

まざまな意味・用法の羅列として記述されてきた it には，すべての意味・用法において，その指示特性として (31) が備わっていること，言い換えるならば，it には，情報の既定度の高さを合図するマーカーとしての機能が備わっていることを指摘しました。

入門期の英語学習者に it の用法を指導する際には，ただ単に訳語として「それ」を与えるのではなく，it の根本的な指示特性 (31) の理解を図りたいと思います。なぜなら，人称代名詞 it は，英語の母語話者がある事柄や情報を既定的なものとして認知する，その認知能力の言語事象に反映されたものなのであり，この理解がすなわち英語の母語話者の it に対する言語直観の理解に繋がると考えるからです。一方，「それ」を含めていわゆる「こ・そ・あ」に代表される指示詞の使用は，日本語の母語話者が聞き手との距離をどのように捉えるかという認知能力の表れであり，it の場合とは，明らかに異なった認知能力の反映です。言葉は，ある意味では，我々のさまざまな認知能力の反映として捉えることができます。したがって，どのような認知能力がどのような言語現象に反映されているのか，といった観点からの言語事象の考察も重要な意義を持つと思われます。5.2 節での考察は，その第一歩として位置付けられるでしょう。

第 6 章

ことばの連続性
―準動詞を中心に―

本章では，以下の例文に見られるような非定形動詞を考察の対象とします。

(1) a. *To smoke* like that must be dangerous.
   b. He must *smoke* 40 a day.
(2) a. He's *calling* her now.
   b. *Calling* early, I found her at home.
(3) a. He has *called* twice today.
   b. Her brother is *called* John.
   c. *Called* early, he ate a quick breakfast.
(4) *Smoking* cigarettes is dangerous.

非定形動詞は，時に，いわゆる準動詞とも呼ばれ，(1a, b) のような to 不定詞と原形不定詞，(2) や (3) のような現在分詞と過去分詞，また (4) のような動名詞を含みます。従来，不定詞，分詞，動名詞，それぞれ個々についての研究，あるいは二者間の比較研究は見受けられましたが，三者間の相互関係を体系的に記述・説明した文法研究は，あまりなかったように思われます。そこで，本章の目的は，これら非定形動詞の本来的性質を踏まえて，不定詞，分詞，動名詞，それぞれの生起分布，さらには相互の関係を明示的に示すことにあります。

6.1. to 不定詞と V-ing/-en

6.1.1. 非定形動詞の本来的な性質

まず最初に，非定形動詞の本来的な性質を明らかにしておかなければなりません。『現代言語学辞典』(成美堂) によると，非定形動詞は次のように定義づけられています (田中ほか(編) (1988: 426) を参照)。

(5) 主語によって限定されず，特定の文法範疇によって形式が規定されることのない動詞。

この定義からも明らかなように，非定形動詞は定形動詞に対するもので，後者が人称，数，時制，法などにより形を変えるのに対して，前者はそれらの影響を受けません。また，非定形動詞を構成する不定詞，分詞，動名詞は，いずれも動詞の基本形から得られる形をしていて，当然のことながら動詞的な性質や機能を持つと予想され，このことは以下のような例文からも明らかです。

(6) a. He seems to have been a sailor.
(彼は船乗りであったようだ)
b. We have three problems to be solved.
(解決しなければならない問題が三つある)
c. To write his life is to write his wife's life.
(彼の一生を書くことは，彼の奥さんの一生を書くことと同じである)
d. The policeman stopped the traffic for the children to cross the road safely.
(警察は，子どもたちが安全に道を渡れるように，車の通行を

止めた)

　(6) は，いずれも不定詞を含む例文ですが，この場合，不定詞の動詞的性質は，完了形・受動形などの形式をもつこと ((6a, b))，前置詞を介在させることなく目的語を伴うこと ((6c, d))，副詞句によって修飾されること ((6d))，あるいは何らかの意味において必ず意味上の主語を持つことなどによって示されます。これと同様のことは，もはや例を挙げるまでもなく分詞や動名詞についても観察され，これらの非定形動詞がいずれも本来的に動詞的性質を担っていることは明白です。

　さらに，非定形動詞の本来的な性質として忘れてならないのは，その拡張機能についてです。非定形動詞は，形態上不定詞形，-ing 形（現在分詞，動名詞），-en 形（過去分詞）とに分けられ，ここで，後者二つを合わせて分詞形と呼ぶならば，大きくは不定詞形と分詞形とを含むことになります。この不定詞形に動詞以外の品詞（典型的には，いわゆる名詞，形容詞，副詞の三用法）への拡張機能が備わっていることは周知のとおりであり，同じく分詞形についても形容詞的，あるいは副詞的（つまり分詞構文）な用法に加えて，-ing 形である動名詞の果たす機能を名詞的と考えるならば，やはり三用法への拡張機能が備わっていることになります。[1]

　以上のことから，非定形動詞の本来的な性質は，次のようにまとめられるのではないかと思います。

---

　[1] 不定詞形の場合と同様，分詞形の場合にもいわゆる三用法への拡張機能を認めることは，両者の平行性を捉えられるという点で，文法指導上有効であろうと思います。

(7) 非定形動詞：
何らかの点で動詞的性質を含みつつ，動詞，あるいはそれ以外の品詞（典型的には名詞，形容詞，副詞）への拡張機能を有する。

(7) は，不定詞形と分詞形の背後に潜む最大公約数的な性質であり，言語文脈に依存しない，いわばコア的な性質と言えます。

6.1.2. 非定形動詞の拡張機能

次に，非定形動詞の拡張機能について考えてみましょう。非定形動詞には，言語的文脈が与えられると動詞，あるいはそれ以外の品詞への機能的拡張，典型的には名詞，形容詞，副詞のいわゆる三用法への拡張が生じます。以下では，この三用法を順次取り上げ，検討を加えてみたいと思います。

6.1.2.1. 名詞的用法

まず始めに，名詞的用法の非定形動詞を含む例を考えてみましょう。

(8) a. To see is to believe.
　　b. Seeing is believing.
(9) a. I shouldn't like to swim in the lake.
　　b. I like swimming.

ここでは，不定詞形と分詞形（動名詞）がいずれも主語，主格補語，あるいは動詞の目的語などの働きをしていて，名詞的な機能を担っています。ところが，同じ名詞的な用法への拡張ではあっても，両者には，形態上，あるいは統語的分布上，明らかな違

いも存在します。たとえば，分詞形には，次例に示されるように，名詞と同様，複数形や所有格をとった形態を観察できますが，当然のことながら，不定詞形にはこのような形態は存在しません。

(10) a. These killings must stop.
　　 b. We are walking for walking's sake.

また，通常，名詞が占め得る位置，たとえば，所有格や前置詞に後続する位置 ((11), (12))，あるいは分裂文の焦点の位置 ((13))，さらには (14) に示されるように，名詞と等位接続される位置には分詞形のみが生じ，不定詞形は許されません。

(11) a. I want him/*his to drink beer from the bottle.
　　 b. I resent his drinking beer from the bottle.
(12) a. *I just came back from to drive a cab.
　　 b. I just came back from driving a cab.
(13) a. *It was to buy a new hat that I wanted.
　　 b. It was buying a new hat that I enjoyed.
(14) a. *She once liked physical exercise and to watch TV both.
　　 b. She once liked physical exercise and watching TV both.

((12)-(14): Emonds (1976: 128, 132-133))

このようなことから，分詞形のほうが不定詞形に比べて名詞的機能への拡張度が強いことは明らかであり，動詞と名詞との間に次のような段階を認めてよいと思います。

(15)　V——to V——V-ing——N^2

　ところで，不定詞形と分詞形との間に観察されるこのような，いわば名詞性の度合いの差は，当然，両者の表す意味の違いにも反映されると考えられます。従来，不定詞形にせよ分詞形にせよ，たとえば (8) や (9) の場合には，「～すること」式の意味が与えられ，いずれも「名詞的」という名のもとに同一の扱いを受けてきました。ところが，(8a) と (8b)，あるいは (9a) と (9b) には，それぞれ両者の細かいニュアンス，あるいは使用上の差があります。つまり，不定詞形が通常「行動性や迅速さが伴う場合」または「特定の場合」に用いられるのに対し，分詞形は「一般的言明」に用いられるのです。

　そこで，不定詞形自体が動詞的性質の強いものであるとすると，上山 (1987: 8) でも指摘したように，たとえば (8a) での動作・行為が具体的に把握され，したがって「見れば必ず信じる」という即時的な解釈が伴うと考えるのは自然です。また，不定詞形は，動詞的性質が強いために，必然的にその行為者（つまり意味上の主語）が予想され，(9a) では行為者が全文の主語 (I) と一致し，それゆえ (9a) は，その主語についての特定的な状況が想定される解釈となります。一方，分詞形は，名詞的性質を強く表し得るために，ある事柄をいわばモノ化して提示することが可能です。モノ（名詞）化が進むと，そのモノ自体で存在し自立する傾向が強くなり，(8b) と (9b) が共に一般的な陳述となるのはまさしく分詞形のこのような自立性によるものと考えられます。し

---

[2] なお，分詞形については動詞的なものから名詞的なものへとさらに連続的な段階が観察できます。Huddleston (1984: 312–317) や Quirk et al. (1985: 1290-92) を参照。

たがって，不定詞形と分詞形との間に (8) や (9) で示されるような意味上の差異が観察されるのは，究極的には不定詞形の動詞的性質と分詞形の名詞的性質に起因していると捉えることができます。

6.1.2.2. 形容詞的用法

次に，形容詞的用法の非定形動詞については，たとえば次のような例が挙げられます。

(16) a. He has a lot of books to read.
 b. It was a mixture consisting of oil and vinegar.
 c. An obituary written by my friend appeared last week.

上記例文の to 不定詞，および -ing / -en 分詞は，いずれも先行する名詞句を修飾する形容詞的な機能を持っています。しかし，不定詞形と分詞形が共に形容詞的な働きを担うにしても，両者のいわば形容詞性の度合いには，名詞性の度合いの場合同様，差が認められるのです。たとえば，次例で示されるように，形態上，形容詞と同様に比較変化をしたり，接頭辞の un- を付加できるのは，分詞形のみであって不定詞形では許されません。

(17) a. The sight was the most thrilling that I had ever seen.
 b. The wall was unpainted.

また，形容詞判別の重要な基準となる前位修飾の位置，あるいは (18) の例文のように形容詞と等位接続される位置では，やはり分詞だけが許されます。

(18) a. Oral and written exercises are the most effective

means.

  b. And suddenly he was silent and <u>waiting</u>.

以上のことから，分詞形が不定詞形よりも形容詞的性質を強く保持していることは明らかであり，動詞と形容詞との間に次のような連続性を想定してよいように思います．

(19) V——to V——V-ing / -en——Adj[3]

(19) の意味するところは，同じ形容的用法でありながら，不定詞形には依然と動詞的性質が反映され，分詞形にはより進んだ機能推移によって，形容詞的性質が反映されるということです．そして，この考えに基づけば，不定詞形と分詞形それぞれの特異な性質や，両者間の相違にかかわるいろいろな言語事実を自然に説明できると思われます．

そこで，たとえば，次のような例文を考えてみましょう．

(20) a. The man who works / is working behind the desk is my father.
    b. The man working behind the desk is my father.
    c. *The man being working behind the desk is my father.
                                (Quirk et al. (1985: 1264))

-ing 分詞の場合，(20a) の関係詞節に対応する -ing 分詞は (20b) であり，進行相を意図した (20c) は許容されません．また，完了相に関しても，(21a) の関係詞節に対応すると考えられ

---

[3] -ing 分詞，-en 分詞のさらに細かな連続的段階については，Huddleston (1984: 318-324) を参照．

る (21b) のような -ing 分詞は，容認可能とはみなされません。

(21) a. The man who has won the race is my brother.
b.?*The man having won the race is my brother.

(ibid.: 1264)

-en 分詞の場合にも，(22a) の -en 分詞に対応する (22b) のような -en 分詞の進行形は許容されるものの，完了形は，-ing 分詞の場合同様，(23b) に示される通り通常は許されません。

(22) a. My children love the cartoons shown on TV.
b. My children love best the cartoon being shown on TV [=that is being shown on TV].

(ibid.: 1265)

(23) a. The food which has been eaten was meant for tomorrow.
b. The food ?*having / *had been eaten was meant for tomorrow.

一方，不定詞形の場合には，次例からも明らかなように，通常進行相・完了相いずれの相も自由にとることができます。

(24) The man to be meeting / to have met is Wilson.

このような不定詞形と分詞形の相に関する制限上の相違は，やはり先に示した (19) の連続性が関与していると思われます。相とは，定義上，動詞の表す行動の性質や状態およびそれを示す文法形式を言います。したがって，本来的に動詞的性質を持つ不定詞形には相に関する制限は加わらず，逆に少なからず形容詞への

機能的推移を起こした分詞形にある程度の制限が加わるのは，当然予想され得ることです。ここで，再度注目に値することは，(20b) の -ing 分詞が，(20a) の works と is working の両方に対応しているという事実です。この場合，(20b) の working には，相に関してのいわば中立化が生じ，これには -ing 分詞の動詞という範疇から離れた形容詞化への推移が少なからず関与しているのではないかと考えられます。[4]

また，すでにみた (16b) において，consisting は，その基本形が状態動詞であり，通常進行形にはなり得ないものです。

(25) *It was a mixture which was consisting of oil and vinegar.

それにもかかわらず，この形式で状態性，あるいは叙述性を表し得るのは，やはり形容詞への機能的な推移の影響とみることができます。

6.1.2.3. 副詞的用法

最後に，非定形動詞の副詞的用法への拡張例を見てみましょう。

(26) a. You must work harder to succeed in the examination.

---

[4] さらに，Quirk et al. (1985: 1263) によると，(ia) の -ing 分詞に対して (ib) のどの形も対応できるとしています．

(i) a. The person writing reports is my colleague.
   b. The person who { will write / will be writing / writes / is writing / wrote / was writing } reports is my colleague.

    b. Turning on the light, I was astonished at what I saw.

    c. Blown by the wind, the trees all lean toward the south.

(26a) の不定詞形は目的を表し，(26b) と (26c) の分詞形は，それぞれ時や理由・原因を表して，いずれも副詞節にパラフレーズできることなどからも明らかなように，副詞的な機能を担っています。しかし，ここでもやはり不定詞形と分詞形では，その拡張機能の度合いに差あるように思われます。その理由として，まず第一に，分詞形では形態上分詞派生の -ly 副詞，たとえば answeringly や alarmedly などの副詞が得られるのに対して，不定詞形からは当然のことながらこのような副詞は得られません。また，分詞形には，(27) におけるように，形容詞の前にあって副詞（very あるいは extremely）のように用いられるものがあります。

(27) a. He is shocking bad.
     b. It was damned hot.

さらに，次例のように副詞句と等位接続される位置には分詞形のみが生じることが可能です。

(28) He went on to the lawn, very slowly, and kicking wretchedly at the turf.

このようなことから，分詞形のほうが不定詞形よりも副詞化への拡張度が強く，動詞と副詞との間に次のような連続性を認めてよいように思います。

(29)　V——to V——V-ing / -en——Adv

　したがって，(29) についてもこれまでと同様，同じ副詞的用法への拡張ではありながら，不定詞形には依然と動詞的性質が，分詞形には副詞的性質がより強く反映されているものと予想されます。実際，次の例で示されるように，分詞形を含む節が文頭・文尾ばかりではなく文中にも挿入され得るという事実などは，分詞形の副詞的性質と全く無縁ではないように思われます。

(30) a. The dog, too excited to be calmed [= as it was too excited to 〜], barked furiously.
（犬は，なだめることができないほど興奮したので，猛烈に吠えた）

　b. The same thing, happening in crowded places [= if it happened in 〜], would amount to disaster.
（同じことがもし密集した場所で起これば，惨事になるだろう）

　c. Romeo and Juliet, conquered by death [= though they were conquered by death], seem stronger than death in their love.
（ロメオとジュリエットは，死によって征服されはしたものの，2 人の恋は死にまさる強さを持っているように思われる）

　d. Science, having conquered one field [=when it has conquered one 〜], moves on to another.
（科学は，ある分野を征服すると，他の分野へと移っていく）

　e. The driver, surrounded by the crowd [=The driver was surrounded by the crowd, and 〜], made a poor excuse.

(運転手は大勢の人に囲まれて,へたな言い訳をした)

不定詞形では,同じ「理由」や「条件」の意味を表す場合ではあっても,文尾もしくは文頭を占めるのがほとんどであり,(30) のような挿入例は,「条件」の意味を表す場合に限られるようです。

(31) a. One would think, to hear them talk [= if he would hear them talk], that England is full of English traitors.

(彼らの話を聞くと,イギリスには国を裏切るイギリス人がいっぱいいると思うだろう)

b. Rose, to judge by her face [=if you judged by her face], was as calm as glass.

(顔つきから判断すれば,ローズは鏡のように平静だった)

((30), (31): 荒木 (1984), 堀口 (1981) より)

6.1.3. まとめ

以上のような考察から,本章では共時的な視点に立って以下の点を示したことになります。

(i) 非定形動詞は,動詞的性質を保持しつつ,言語的文脈が与えられると典型的には名詞,形容詞,副詞への拡張機能を持つ。[5]
(ii) 拡張の度合いは,一般に不定詞形よりも分詞形のほうが強い。

---

[5] さらに,分詞形に関しては,provided/providing, granted/granting などのように,接続詞への機能的な拡張もあることは周知の通りでしょう。

(iii) この拡張の度合いの差が，不定詞形と分詞形の差異に何らかの形で関与し，それぞれの統語的・意味的性格を特徴づけている。

これらのことを図で示すと，次のようになります。

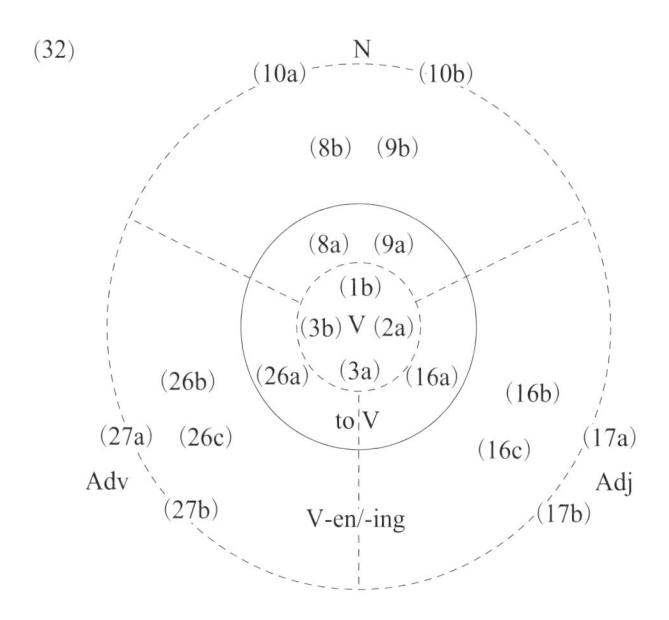

(32)

```
                        N
              (10a) ─────── (10b)
           
                  (8b)   (9b)
           
                  (8a)   (9a)
                    (1b)
                  (3b) V (2a)
         (26b) (26a) (3a) (16a)
     (27a)(26c)     to V      (16b)
   Adv                       (16c)  (17a)
         (27b)                      Adj
                  V-en/-ing   (17b)
```

上図では，本章で使用した主な例文の番号を用いて，それぞれの文における不定詞形・分詞形の位置づけを試みました。図の中央には，機能拡張のないいわば動詞的用法の非定形動詞（原形不定詞）が位置します。次の実線円内には，それぞれの機能的拡張は見られるものの，やはり動詞的性質を強く有する to 不定詞が主に位置づけられることになります。さらに機能的拡張が進むとそこは分詞形の射程範囲となり，ついには，一番外側の名詞，形容

詞，副詞などの各統語範疇へと至り着くことになるのです。なお，(32) の図における実線は，to 不定詞の拡張の限度を示し，点線は，範疇間・用法間の境界を明確に示し得ないことを意図しています。[6]

本節 6.1 で明らかにされたように，非定形動詞という単一範疇内のこのような連続的性質を考慮に入れるならば，不定詞形と分詞形との統語的・意味的相違にかかわるいろいろな言語事象が自然に説明されます。また，非定形動詞という範疇のこのような連続的捉え方は，文法指導に際してもかなり有効性を発揮するものと考えられます。言語は，非連続的な面と合わせて，その連続的な面も否定できず，非定形動詞にこそこの連続的な側面が顕著に認められると言えるでしょう。

---

[6] to 不定詞形・分詞形のいずれにおいてもそれらの用法の決定に戸惑う場合のあることは，よく知られている通りです。その一例として (i) を挙げることができます。
  (i) a. I felt pretty good steering.
     b. Ruth was busy at her desk correcting test papers.
(ia) の分詞形 steering は，文脈によっては名詞への機能拡張 (from steering)，あるいは副詞への機能拡張 (while I was steering) とも解することができます。また，(ib) では，分詞形が補語としての形容詞的な性質と，分詞構文としての副詞的な性質のいずれを持ち得るか，決定に戸惑うところです。

第 7 章

英文法教育復権の必要性

世界のグローバル化が叫ばれている昨今，国際的な理解と協調が不可欠になりつつあります。国際交渉では，人々のコミュニケーションに使用する言語が圧倒的に英語であり，英語コミュニケーション能力を身につけることが今や焦眉の急となっています。その一方で，英文法の取り扱いは，「必要悪」とか「日陰者」と形容され，ますます隅へ追いやられることに拍車が掛かっている状況にあります。

　そこで，本章では，従来の瑣末主義に走り過ぎた英文法指導や受験英語，あるいは文法・訳読式に偏った授業への非難を受け止めつつ，これまでの学校英文法や学習英文法の問題点を，文法内容と文法指導の観点から考察します。

7.1. 文法内容上の問題点

7.1.1. 5つの基本文型

　英文法の抱える内容上の問題点として，最初に挙げられるのは5つの基本文型という考え方です。この考え方には，長きに渡って英文法の基本とみなされているという磐石の安定感があり，5つの文型を基礎に据えた英文法が学校英語教育において，これまで中心的な役割を果たしてきたのは，紛れもない事実です。

(1) a.　第1文型：S + V

　　　　It rained (steadily) (all day).

　　b.　第2文型：S + V + C

　　　　He grew happier (gradually).

c. 第 3 文型：S + V + O
   They ate the meat (hungrily) (that night).
d. 第 4 文型：S + V + O + O
   He gave the girl an apple (yesterday).
e. 第 5 文型：S + V + O + C
   They elected him chairman (without argument) (in Seattle).

5 文型について留意すべきことは，(1) の各例文内の括弧に括られた随意の修飾要素を除き，述語動詞として用いられる動詞が義務的に選択する要素によって 5 文型が決定されているということです。そうだとすると，(2) における下線部の副詞類 (adverbials) については，どうでしょうか。

(2) a. He lives <u>in New York</u>.
   b. I have been <u>in the garden</u>.
   c. You must put all the toys <u>upstairs</u>.
   d. The doorman showed the guests <u>into the drawing room</u>.

上記の各例文において，下線部は必須の要素であり，これらを省略・削除することは許されません。従来の 5 文型の考え方では，これらの副詞類は義務的要素であるにもかかわらず，考慮の対象外とされてきた経緯があります。

そこで，Quirk et al. (1985: 49-59) は，(2) において場所を表す義務的副詞類を場所付加詞 (space adjunct) として，特に，(2a) と (2b) の下線部を主格付加詞 (subject-related adjunct)，(2c) と (2d) の下線部を目的格付加詞 (object-related adjunct)

と呼び，[1] 前者の2例はS + V + A$_S$ という文型に属し，後者の2例はS + V + O + A$_O$ という文型に属するとしています。つまり，従来の5文型に対して，7つの基本文型を設定していることになります。[2]

以上のように，磐石の安定感があった5つの基本文型という考え方にも，(2) のような例文の捉え方によっては，6つにも7つにもなってしまいます。さらに，重文や複文などのいわゆる拡張文や以下のような例文に対しては，どのような対応が必要となるでしょうか。

(3) a. The accident was seen by a number of people. (← A number of people saw the accident.)
 b. There are many kids playing in the garden. (← Many kids are playing in the garden.)
 c. It is this book that John has already finished. (← John has already finished this book.)

(3) は，それぞれ，括弧内の文から派生されたと考えられる受動文，存在文，強調構文であり，要素の移動・挿入・削除等の操作を受けて派生される，いわば派生文と呼ばれるものです。拡張文にせよ派生文にせよ，この文は第何文型であるかというのは二次的なことと考えるべきです。むしろ，拡張文については，基本文型によっても説明され得ますが，もっと重要なことは，一つの文

---

[1] これは，補語が主格補語と目的格補語と呼ばれるのに平行的です。
[2] 安藤 (1983) は，7つの文型に加えて，さらに次例をカバーするために，S + V + C + A という文型を設定して，8文型論を展開しています。
 (i) a. I am aware of the danger.
  b. I am aware that he is a spy.

内に複数の節を含む場合の特徴を説明・指導すべきであり，派生文については，文型を問うことはほとんど意味がなく，それぞれの構文の特徴を説明・指導すべきであると考えられます（このような捉え方の詳細については，鈴木 (2006) を参照）。

7.1.2. 動詞の意味と他動性

次に文法内容上の問題点として挙げられるのは，表層的な形式ばかりに関心を奪われ，意味的な側面にはほとんど注意が向けられていないという点です。次の四つの例文を比較してみましょう。

(4) a.　John struck Bill.
　　b.　John loved Mary.
　　c.　John crossed the street.
　　d.　John had blue eyes.

従来の学校英文法では，(4) のいずれの文も他動詞を含む S + V + O の第 3 文型であることを指摘するに留まっていました。しかしながら，池上 (2006: 65-67) が述べているように，実は文法そのものの中に，意味の問題が深く入り込んでいるのです。このことを確かめるために，(4) の四つの文を進行形にすることが可能かどうか，受動態にすることが可能かどうかという二つの観点から調べてみると，結果は以下の表に示される通りとなります。

(5) 文法的性質の違う他動詞

		進行形	受動態
(4a)	strike	○	○
(4b)	love	×	○
(4c)	cross	○	×
(4d)	have	×	×

(池上 (2006: 66))

　上記の表から明らかなのは，目的語を取る同じ他動詞構文であるのにもかかわらず，進行形と受動態に関して全部違った振る舞い方をしているという事実です。このことを説明するために，池上 (2006) は，他動詞の意味に関して，四つの意味素性の存在を示唆しています。すなわち，問題の他動詞が [±状態性] か [±他動性] かという区別です。

　進行形の可能な strike と cross は，それぞれ「なぐる」や「横切る」といった行為・動作を意味する動的 (dynamic) な動詞，言い換えるならば [−状態性] という素性を含む動詞であるのに対して，進行形が不可能な love と have は，共に動的ではなく状態的 (stative) な意味を表し，[＋状態性] を有する動詞です。

　一方，受動態に関しては，それが可能な strike と love は，主語から目的語への働きかけ・影響力が強い，換言すると [＋他動性] という意味素性を含む動詞であり，受動態が不可能な cross と have は，目的語への影響力を全く持たない [−他動性] という素性をもつ動詞です。まとめると，(4) の動詞は，それぞれ，以下のような意味素性を持つことになります。

(6) a.　strike：[−状態性]，[＋他動性]

b. love：[＋状態性], [＋他動性]
   c. cross：[－状態性], [－他動性]
   d. have：[＋状態性], [－他動性]

　このように，形式上はみな同じ第3文型の他動詞構文ではあっても，進行形と受動態に関して，それぞれが異なった振る舞い方を取るという事実は，個々の動詞の意味を考慮に入れることによって説明可能となるのです。従来の学校文法では，形式的な面にのみ重点が置かれ，意味的側面への配慮を怠っていたと言わざるを得ません

7.1.3. 接続詞 that と関係代名詞の省略

　次に，省略事象を見てみましょう。学校英文法では，次例の事象を接続詞 that の随意の省略として扱っています。[3]

(7) a.　I think (that) I shall be too busy.
   b.　I said (that) I should come.

---

[3] 周知のように，Jespersen (1933) は，(ib) の斜字体の部分を，(ia) の関係代名詞 that の省略に拠るのではなく，関係節とは別個に存在する，いわゆる接触節 (contact clause) と呼びました。
   (i) a.　I know the man that you mentioned.
      b.　I know *the man you mentioned*.
この考え方は，(7) や次の (ii) に見られる接続詞 that の省略として扱われてきた現象にも，同様に当てはまるのではないでしょうか。
   (ii) a.　I know that you mentioned the man.
      b.　I know *you mentioned the man*.
言い換えると，(iib) の斜字体の部分は，(iia) の that 節とははじめから別個に存在する，いわばもう一つの接触節と呼べるとして，従来，関係代名詞と接続詞の省略として別途に扱われてきた事象を，統一的に扱える可能性があるのではないでしょうか。詳細については，上山 (1999) を参照。

   c. I hope (that) that's true.

しかしながら，ことはそれほど単純ではなく，(7) と同様に動詞の目的語節を導く that であっても，動詞によってはその省略を許さないものもあります。[4]

(8) a. He regretted that/*φ you did it.
    b. It bothers me that/*φ Mary is here.

Hooper (1975) によると，(8a) の regret や (8b) の bother は，いずれも非断定 (non-assertive) で，しかも真叙実的 (true factive) な動詞として分類され，これらの動詞の目的語である that 節では，that の省略は許容されないことが知られています。また，通常は that の省略を許す believe や assert のような動詞ではあっても，次例では，いずれも that が存在しなければなりません。

(9) a. Mary believes that Tom is dishonest, and Susan, that/*φ he is just dumb.
    b. He only wished he dared look at Maggie and that/*φ she would look at him.
    c. I have believed since 1939 that/*φ I would win the

---

[4] Palmer (1969: 312) は，次の (i) においては (8) とは逆に，that の生起が許されない例としています。
  (i) a. I wish he'd wait!
     b. I hope it doesn't rain tomorrow.
     c. I trust he hasn't forgotten it.
     d. I'd rather you started tomorrow.
このような that の省略・削除は，特に話し言葉に顕著に見られます。

Irish Sweepstakes.
d. What I find hard to believe is that/*φ Tom is honest.
e. It is that/*φ I was planning to leave that l asserted.

千葉（1995: 6-10）は，(9) に示される that 節の生起分布に関する言語事実を説明するのに，(10) のような「隣接条件」を提示しています。[5]

(10) 隣接条件：
that 消去が可能となるためには，that 節が主節の動詞に隣接していなければならない。

接続詞 that の省略から想起される統語現象の一つに，関係代名詞の省略現象があります。この現象に対して，学校英文法では，「目的格の関係代名詞は省略できる」といった規則を設定して対処しました。

(11) a. The oranges (that) he generally ate were navels.
b. A boy (who(m)/that) you met recently has just arrived.
c. This is the microscope (which/that) he observed the specimen with.

(11) の関係代名詞は，いずれも目的格であり，よって，随意に省略が許されます。ところが，関係代名詞がたとえ目的格であっても，その省略が許容されない場合があります。

---

[5] that 削除に関する同様の条件は Baker (1989: 111-112) にも見られます。ただし，Baker は，補文標識 for をも含めてこの条件を考えています。

(12) a. The oranges that/*ϕ generally he ate were navels.
   b. A boy has just arrived who(m)/*ϕ you met recently.
   c. This is the microscope with which/*ϕ he observed the specimen.

(12) のような，関係代名詞が目的格であっても省略できないケースをカバーするために，岡田 (2001: 36-37) は，(13) のような一般的な規則を提案しています。

(13) 先行詞と主語に直に挟まれた関係代名詞は省略できる。

以上のように，接続詞 that の省略にせよ，関係代名詞の省略にせよ，学校英文法での文法内容だけでは不十分であることは明白であり，少なくとも (10) や (13) のような規則での補強や，that 節や関係節を知覚する上での困難や曖昧さを避けるための認識的側面からの検討が必要であることは確かでしょう。

7.1.4. there 構文

さらに，文法内容上の不備な具体例として，there 構文を挙げることができます。この構文は，通例，人や物や事柄が存在していることを表すので，従来の学校英文法では，しばしば存在文とも呼ばれ，せいぜい以下のような例文提示に留まっています。

(14) a. There is a book on the table.
   b. I hope there will be a chance in the situation.
   c. There were some farmers working in the fields.

しかしながら，この構文の特徴としてもっと重要なことは，(15) のような非文の存在です。

(15) a. *There is the book on the table.

　　b. *There is it on the table.

　　c. *There was John at the meeting.

　　d. *There exist the serious problems.

(15) は英語では非文ですが，母語の日本語ではいずれも意味的には成立する文です。よって，なぜこれらの文が英語では許容されないのかの説明が求められ，その説明を与えることにより，英語学習者はより一層，there 構文の特徴を明確に捉えられます。ちょうど，医者が病人を診察することによって，健康な人の身体がどのように機能しているかを捉えるがごとく，(15) の不適格な文を観察することによって，適格な there 構文の背後にある特徴を浮き彫りにするのです。

　there 構文の場合，(15) の言語事実から，この構文の意味上の主語には，定冠詞 the などを伴う定名詞句 (definite NP)，代名詞，固有名詞は生じることができない，といったいわゆる定性制約 (definiteness restriction) が働く特徴を持つ構文であることが理解できます。[6] では，なぜこの構文には，定性制約が機能するのでしょうか。従来の学校英文法では，このような問いへの説明は，ほとんど与えられることはなかったように思います。

　そこで求められるのが，英語の情報構造の視点に立った説明です。there 構文は，それまで話題になっていない要素，つまり，新しく導入される名詞句を談話の中に導入するために用いられる構文です。よって，定名詞句や代名詞，あるいは固有名詞など，通常，既知の情報を表す名詞句がこの構文の意味上の主語位置に生

---

[6] there 構文，すなわち存在文については，すでに 3.2.2.2 節において論じています。

じるのは馴染まないのです。ところが,以下の例では,there 構文では許容されないはずの定名詞句が意味上の主語の位置に生じているにもかかわらず,いずれも容認可能な文です。

(16) a. There is the problem that we have to solve immediately to save the earth.
   b. There was the most difficult test yesterday.
   c. There hasn't been the usual reaction.

(Huddleston and Pullum (2002: 1401))

(17) A: Was there anybody at home yesterday afternoon?
   B: Yes, there was Jane.

(18) A: What's worth visiting here?
   B: There's the park, a very nice restaurant, and the library.   That's all as far as I'm concerned.

(19) a. There was this guy I met in my Japanese class.
   b. There's this woman, she's a hurricane…

(Yule (1998: 43))

(16) の三つの文では,それぞれ後置修飾,最上級,usual など,定冠詞が必然的に現れて,いずれにおいても不定名詞句が使えないために仕方なく生じた定名詞句であると言えます。(17) の B の発話では,Jane という人物そのものは,たとえ相手にとって既知であったとしても,「昨日の午後,家にいた人物」という点では,聞き手にとって未知の事柄であり,新情報と見なすことができます。また,(18) の B の発話では,いわゆる「リスト there 構文」と呼ばれる文が使用され,リストの中の個々の項目は既知であっても,リスト自体,すなわち,リストの中にどの項目を入れ

るかという点が新情報と考えられるものです。さらに，(19) の二つの文には，this が意味上の主語位置に生じて，一見，定性制約の反例のように思えますが，Yule (1998) によると，この場合の this は，ほぼ不定冠詞と同等であり，口語表現でこのような this が用いられると指摘されています。

　以上のように，there 構文を通して，(15) のような不適格な例文の提示に始まり，(16)-(19) の例文によって，これまでの学校英文法における内容上の不備を再認識できるでしょう。there 構文に関わる文法事象を扱う場合には，明らかに情報構造的見地からの説明が必要になるということです。また，近年の英語学・言語学の知見にも常に関心を寄せながら，そのような知見を英文法教育に，最大限，活用すべきであろうと思います。[7]

7.1.5. 不定詞と動名詞

　英文法上の内容的な問題点の5つ目として，不定詞と動名詞を取り上げてみましょう。動名詞については，名は体を表すがごとく，動詞ではありながら名詞的な機能を有しますが，不定詞にも，やはり名詞的な働きが存在します。

(20) a.　To see is to believe.
　　 b.　Seeing is believing.
(21) a.　I shouldn't like to swim in the lake.
　　 b.　I like swimming.

(20) では，不定詞と動名詞双方が主語や補語として，また，(21)

---

[7] There 構文に関する機能的・認識的観点からの詳細な議論については，上山 (2003) を参照してください。

では目的語として，それぞれ名詞的機能を果たし，意味的にも (a) 文と (b) 文の当該箇所はほぼ同義です。よって，学校英文法では，不定詞も動名詞も，共通に名詞的な機能を果たすという指摘に留まっていました。

ところが，不定詞と動名詞には，両者をよく観察すると，意味的にも生起分布においても相違点が見られ，そのような両者の相違は，「名詞性」(Nouniness) の差に起因すると考えられます。すでに，6.1.2.1 節において，たとえば (20) や (21) の不定詞と動名詞の意味的な相違，さらには両者の生起分布の相違について論じ，このような相違はいずれも不定詞と動名詞の名詞性の差に起因することであると指摘しました。

このように，不定詞と動名詞に関しては，共に名詞的機能を担うという点だけを指摘した従来の学校英文法では不十分と言わざるを得ません。むしろ，ことばの真の姿を捉えるためには，同じ名詞の機能ではあっても，その名詞性に段階性（連続性）があるという事実を英語学習者に気づかせてやることが重要であると考えられます。なぜなら，動名詞，あるいは不定詞のように，基本的には動詞でありながらかつ名詞の働きを示す形式，いわばハイブリッド的性格をもつ形式が，英文法のさまざまな事象に散見され，このことはことばが本来的に連続的，段階的側面を有する証左であると思われるからです。

7.2. 文法指導上の問題点

7.2.1. 形式偏重主義

不適切な英文法指導の中でまずあげるべきものは，意味を考慮せずに，形式だけを機械的・公式的に操作させる，いわゆる形式

偏重主義です。

(22) a. Beavers build dams.
    → Dams are built by beavers.
  b. Jane pretended to be an acrobat.
    → Jane pretended that she was an acrobat.
  c. John bought his son a present.
    → John bought a present for his son.

(22) の対の文は，従来，学校英文法では意味の同一性に基づいて，態の転換，単文から複文（または，その逆）への書き換え，あるいは第4文型の二重目的語構文から第3文型の与格構文（または，その逆）への書き換えなどとして扱われてきたものです。[8] しかし，(22) のそれぞれの対の文には，若干の意味の相違が観察できます。たとえば，(22a) の態の転換において，能動文はビーバーの習性について述べられた適切な意味ですが，受動文は「ダムというものはビーバーによってつくられる」という不自然な意味になってしまいます。なぜなら，ダムはビーバーに限らず人間によっても当然つくられ得るものであり，事実と合わなくなってしまうからです。また，(22b) の書き換えにおいては，to 不定詞の場合は，実際に跳んだり跳ねたりする場合に用い，that 節の場合は，ベッドの中で頭に浮かべるだけでも構いません。つまり，to 不定詞は行動を示し，that 節は心的状態を示します。さらに，(22c) のような文型の書き換えにおいても，次の (23b) が非文であることからも明らかなように，第4文型の二重目的語構文では，プレゼントがジョンの子供の手に渡っていることが要求され

---

[8] 文の書き換えについては，特に 4.1 節と 4.2 節を参照してください。

ます。

(23) a.　I bought a gift for my unborn son.
　　 b. *I bought my unborn son a gift.

しかし，与格構文では，プレゼントがジョンの子供の手に渡っている必要はありません。

(22)は，ほんの一例にすぎませんが，このような例からでさえも，ニュアンスやレトリックのレベルまで考えると，書き換えて同じ意味のままであることは，むしろ稀なことのように思えてきます。ところが，従来，学校英文法では，どのような文脈でも機械的な文の書き換えが可能であるかのような印象を学習者に与え，言語の機械的な操作能力だけを求めるあまり，学習者の言語感覚を麻痺させてしまう可能性すらあるように思われます。Bolinger (1977) の 'one form, one meaning' という言葉を待つまでもなく，通例，「一つの形式には一つの意味が対応する」，言い換えるならば，「形式が異なれば意味も異なる」と考えるのが自然であると言えるのではないでしょうか。[9]

また，学校英文法において，書き換えの代表的な例と目されてきた話法の転換についてはどうでしょうか。

(24)　John said, "I will buy this car tomorrow."
　　→ John said that he would buy that car the following day.

学校英文法では，これまで直接話法を間接話法に，逆に間接話法を直接話法にという話法転換の練習が行われ，その際，機械的・

---

[9] 英語表現の「書き換え」に関する詳細な議論については，さらに第4章を参照してください。

公式的な形式面の変化に重点が置かれ，あたかも双方の話法が一対一の対応関係にあるかのように扱われがちでした。(24) においても，たとえば，人称 (I → he)，時制 (will → would)，直示語 (this → that)，さらには時の副詞 (tomorrow → the following day) などの煩雑な転換規則に指導の中心がありました。しかし，両者は決して機械的な転換規則によって結ばれているものでもなければ，また一対一の対応関係をなしているわけでもありません。

(24) において，仮に，ジョンを聞き手として間接話法を発する場合には，矢印の右側の文の 'John' と 'he' は二人称の 'you' となります。また，ジョンの発言を話し手が伝達するときにもなお真実であると感じる場合には，間接話法においてもそのまま現在形 (will) が用いられ得るでしょうし，直接話法のジョンの発言と間接話法の話し手の発言とが同じ場所とすれば，つまり，問題の車がジョンと同様，話者からも近いところにあるとすれば，'this' が間接話法においてもそのまま用いられます。さらに，仮にジョンの昨日の発言を話し手が今日伝達するとすれば，次例からも明らかなように，'tomorrow' という副詞が 'today' にも変化することになります。

(25) John said to me yesterday, "I will buy this car tomorrow."
 → John told me yesterday that he would buy that car today.

以上のことから，直接話法と間接話法との対応については，それが機械的な転換規則に厳格に則った一対一の対応関係であると考えるべきではないのは自明であろうと思います。直接話法の間

接話法への転換は，直接話法で主語が述べた事柄を，今度は話し手の視点で捉え，話し手の言葉で述べ直すという作業です。したがって，話法の転換に際しては，決して機械的・公式的に行うことなく，常に発話の場面（語用論的な情報）を考慮に入れて，臨機応変に対処しなければなりません。

さらに，学校英文法では，関係代名詞を指導するときに，機械的に二つの文を合体し，一つの文をつくらせることがあります。

(26) Taro has a friend.　She speaks Chinese.
→ Taro has a friend who speaks Chinese.

ところが，2文を1文に結合した場合，元の2文とでき上がった結合文とは必ずしも意味的に同義になるとは言えません。たとえば，(26) において，矢印の右側の結合文だけでは 'a friend' の性別は不明であり，元の2文に比べて結合文では明らかに情報量が減ってしまいます。このように，2文を合体して1文にする作業は，意味の変化に着目させない機械的な作業であり，学習者の意味に対する感受性を鈍磨することになると思います。[10]

7.2.2. 文法用語指導への矮小化

岡田 (2008: 183) が指摘するように，従来の学校英文法では，文法用語を教えたら文法教育は終わりと早合点する，いわゆる手段の目的化の傾向があります。文法用語は文法を教えるための，あくまでも一つの道具であり，文法用語を知っていること，あるいは文法用語を使って説明できることが文法力があることを証明

---

[10] 関係節構文の指導における2文結合の問題点，およびその解決策についての詳細な議論は，3.1節を参照してください。

しているわけではありません。次の (27)–(29) の (a) 文と (b) 文の対を見て，(a) 文はいずれも他動詞，(b) 文は「自動詞＋前置詞」と品詞分類できても，それぞれの対の意味的な差異が分からなければ，文法力を身に付けていることにはなりません。

(27) a. John climbed the mountain.
　　 b. John climbed on the mountain.
(28) a. John shot Mary.
　　 b. John shot at Mary.
(29) a. I know Meg Ryan.
　　 b. I know of Meg Ryan.

(27) において，(a) 文の climb the mountain は「その山の山頂まで登る」という意味になりますが，(b) 文の climb on the mountain は「その山に登る」ということを表すだけで，頂上まで登るという含意はありません。(28) では，どちらも「ジョンがメアリーを撃った」という意味ですが，動詞と名詞句との間に前置詞 at が介在する (b) 文では，必ずしも弾がメアリーに命中していなくても構いません。これに対して，他動詞が直接的に目的語を従える (28a) では，弾がメアリーにあたってジョンがメアリーを射殺したという意味になります。同様に，(29) においても，(a) 文は Meg Ryan を直接知っている，あるいは友人であるような場合に使い，「面識がある」という意味であり，これに対して (b) 文は「Meg Ryan という俳優が存在しているということを知っている」という意味です。

　以上のような意味的な観察から，岡田 (2001: 37–38) は，「一般的に，動詞の目的語は動詞の力を直接的に，あるいは全面的に

被るという含みがあるのに対して,前置詞の目的語は,前置詞が動詞の力を緩和する緩衝器のような働きをし,動詞の力を間接的,部分的にしか受けないことが含意される」と指摘して,(27)-(29)の事象には,意味的原理が働いている可能性を示唆しています。[11] したがって,英語学習者には,文法用語を使って説明できなくても,(27)-(29)の(a)文と(b)文との意味的相違が分かり,そこに潜む意味的な原理を感覚的に捉えられることのほうがより大切であるように思われます。

同様に,英語学習者が 'I wrote a letter last night.' と言えば,たとえ第3文型という用語を知らなくても,その用語で獲得させようとしている文法能力を身に付けていると考えてもよく,'This watch was made in Japan.' という文を発することができれば,「能動文の目的語を主語に変え,能動文の主語を by を付けて後ろに回し,動詞を be +過去分詞に変える。by +主語は省略されることがある」と説明できなくても,受動文を作る規則を身に付けていると考えられます。

さらに,学校英文法では,たとえば「現在完了形には,完了,継続,経験,結果の四つの用法がある」と教えられ,あたかも四つの用語が現在完了形のキーワードであるかのような印象を与えます。しかし,ここで大切なことは,現在完了形の表す意味の中核的な部分は「過去において生じた事柄を現在に結びつける」という点にあります。

(30) a.　Einstein lived in Princeton.
　　 b. *Einstein has lived in Princeton.

---

[11] Yule (1998: 9-11) においても,(27)-(29) のような用例を多数紹介しながら,同様の意味原理を導き出しています。

(31) a. Princeton has been visited by Einstein.
　　b. *Einstein has visited Princeton.

現在完了形の4用法だけを知っていても，(30a) の過去時制は許容されるのに対して，なぜ (30b) の現在完了形が許されないのか，あるいは，(31a) の受動文が経験を表す文としての理解はできても，それに対応する (31b) の能動文がなぜ非文となるのかが分からないでしょう。やはり，現在完了の本質的な意味を知って，初めてこれらの疑問に答え得るのです。つまり，(30b) と (31b) が許されないのは，相対性理論を築き上げた Albert Einstein (1879-1955) であることが前提で，その Einstein がすでに故人であるから，現在完了形が過去を現在に結びつけるものであるという本質的な意味と相容れないのです。

7.3. 英文法教育へ向けての新しい視点

7.3.1. 場面を意識した英文法へのアプローチ： 文から発話へ

　小・中・高いずれの校種の新しい「学習指導要領」における「外国語活動」，および「外国語」の目標にも，「積極的にコミュニケーションを図ろうとする態度の育成」という文言が共通に使用されています。通例，コミュニケーションが話題になる場合には，「文」と「発話」との区別をはっきりしておかなくてはなりません。文とは，文法の扱う最大の言語単位であり，一般的には，主部と述部から成り，状況には左右されず独立した言語形式です。それに対して，発話とは，実際の状況の中で，ある話し手がある聞き手に向かって発した言葉で，状況に左右され，その意味が話し手の意図と聞き手の解釈によっていろいろと変わるものです。

言語を TPO に即して適切に使用するには，文法はもとより，発話の機能を知る必要があります。ある発話の機能とは，話し手がその発話をするときに意図的に行う行為，すなわち発話内行為 (illocutionary act) をいいます。

そこで，このことを具体的に見るために，たとえば，次の (32) の例を取り上げてみましょう。

(32) It's cold in here.

これは，文のレベルでは，文字通り「ここは寒いですね」という意味を伝えますが，発話のレベル，すなわち，この文が発せられる状況に応じて，単に気温の低さを述べる文字通りの意味に加えて，(33) や (34) を意味する場合があります。

(33) Please shut the window.
(34) May I shut the window?

つまり，(32) は，状況に応じて (33) や (34) を含意することがあります。(33) を含意する場合には，(32) の話し手は，ここが寒かったので聞き手に窓を閉めてもらいたいという依頼の意図を込めて (32) を発したのであり，(34) を含意する場合には，(32) の話し手が今度は窓を閉める立場にあり，聞き手にその許可を求める意図を込めて (32) を発したのです。また，暖房が入っていない部屋で (32) が発せられるのであれば，(35) や (36) のような依頼の機能を果たす発話ともなり得ます。

(35) Please turn on the heater.
(36) May I ask you to turn on the heater?

さらに，たとえば，子供の "May I go out and play, Mom?" という発話に対して，その母親が子供に向かって次の (37) を発したとしたら，文レベルでは単なる平叙文であっても，発話のレベルでは，「雨が降っているから外に出てはいけません」という禁止の機能を果たすでしょう。

(37) It's raining.

また，出勤しようとしている夫に向かって，妻が (37) を発したのであれば，「雨が降っているから傘を持っていらして」という忠告の機能を果たすことになります。このように，文のレベルでは，(32) や (37) のようにただの平叙文であっても，発話のレベルでは，その状況に応じて依頼，許可，禁止，忠告，その他勧誘，警告，約束など，いろいろな発話の機能を果たすのです。

次に，文のレベルでは，単純な疑問文の形式ではあっても，発話のレベルでは，文字通りの疑問の意味に留まることなく，相手に何らかの行為を起こさせる力を内に秘めて使われる場合を，たとえば，(38) の文を用いて考えてみましょう。

(38) Do you mind telling me the way to the station?

この文は，形式上は疑問を表す文とされている疑問文ですが，(38) の応答文として "No, I don't mind telling you the way to the station." が与えられたとしたら，(38) の話し手の道を知るという意図は満たされず，コミュニケーションは成立しなくなってしまいます。実際のコミュニケーションの場では，(38) のような一見疑問文が，状況によっては遠回しで丁寧な依頼・要請の機能を果たしているのであり，その答え方も，たとえば，"No, not at all. I'd be glad to. Go straight this way. And then—" など、状況によって違わなくてはなりません。

　この点に関連して、初期の英語学習者によく提示される以下のような対話例を考えてみましょう。

(39)　A:　Is this a pen?
　　　B:　Yes, it is. / No, it isn't.
(40)　A:　Do you have a pen?
　　　B:　Yes, I do. / No, I don't.

これまでの学校英文法では、"This is ..." や "I have ..." という文が導入されると、学習者には疑問文や否定文に機械的に変換させるような練習が与えられたり、あるいは、せいぜい Yes/No での応答文が指導されたりする段階で留まっていたのではないでしょうか。しかし、(39) にせよ (40) にせよ、少し考えてみると、いずれの対話もその状況が異様であったり、ばかばかしい問答であることに気づきます。

　(39) が自然な対話であるためには、A が何か書くものを探していて、「これは書く道具だろうか」と思って発せられるような状況が必要となります。その際、"Is this a pen?" という発話には、A の「書けるのなら、使わせてもらおうかな」といった気持ち、すなわち依頼の機能が託されることになり、相手の B からも、"Sure. / Uh-huh. / Go ahead." などの意味のある返答が引き出されます。

　また、(40) の対話についても、たとえば、A が何かの書類に記入しようとして、筆記用具をあちこち探している状況が想定されるならば、自然なものとなるでしょう。この場合も、A の "Do you have a pen?" という発話には,「もし持っていたら貸してほしい」という A の意図,つまり依頼の機能が付加されます。B もこのような A の意図が理解できるならば,単に,"Yes, I do." だけの返答にとどまらず,"Sure. Here you are." と発してペンを差し出すでしょう。これとは逆に,B があちこちと筆記用具を探しているという状況では,A の発話には,「ペンを持っていなかったら貸してあげよう」といった提案の機能が与えられ,これに対する B の返答も,たとえば,ペンに手を出しながら "Oh, thanks." というようなお礼の表現が発せられ,自然なコミュニケーションが成立するでしょう。

このように,一見単純な (39) や (40) のような対話も,適切な状況の設定によって,生き生きとした言語活動の息吹を感じさせることができます。その際,これまでの例からも明らかなように,ある発話の理解には,単に文構造の分析だけに留まらず,与えられた状況（文脈）の中から話し手の意図,すなわちその発話の機能を読み取ることが重要です。つまり,先に見た (32) や (37) のような平叙文で表されている発話と同様に,疑問文で表されている (38), (39A), (40A) のような単純な発話であっても,実は,そこには依頼や提案などの機能があることを読み取ることが必要なのです。いずれにしても,これまでのように,文レベルでの疑問文などへの機械的な転換練習だけでは,狭い意味での文法知識の習得には繋がっても,外国語科の目指す「積極的にコミュニケーションを図ろうとする態度の育成」,あるいは「（実践的）コミュニケーション能力（の素地／基礎）の育成」を意識した指導とはなり得ないことは明白であろうと思います。

7.3.2. 情報構造の重視

すでに 7.2.1 節において，学校英文法の形式偏重主義に陥る問題点を指摘しましたが，本節ではその問題点の克服にも繋がる英語の情報構造の重要性を主張します。そこで，英語学習者の，たとえば書き換え能力を，単に機械的な書き換え知識に終わらせないためにも，ある文脈内で知的意味内容の同じ A と B のどちらの形式が選択されるのか，自ら判断できるように，その理由に関わる情報を学習者に提供することが必要であり，以下に具体例を用いてこのことを示します。

まず最初に，高校英語テキストからの例文 (41) を考えてみましょう。

(41) A language called Englisc appeared five hundred years after that, but {a. it was spoken by only a few. / b. #only a few spoke it.}

(41) では，(a) 文が英語テキスト中のオリジナル文であり，(b) 文はそのオリジナル文を意図的に能動文に書き換えた文です。[12] (41) の前半の文は，a language called Englisc に関する叙述文です。これに続く but 以下の文としては，明らかにオリジナルの受動文のほうが自然です。(41a) は，既出の名詞の a language called Englisc (=it) を主語に据えて，前半部と同様の主題で始めるためにつくられた受動文であり，談話としては自然な流れです。ところが，初出の only a few で始めた (41b) のような能動

---

[12] (41) を含め，以下の (42), (43) の容認可能性の判断は，2 人のアメリカ人によるものです。なお，# は，その文脈では不自然，不適格であることを示しています。

文を用いると，前半との繋がりが (41a) よりも理解しづらくなり，談話としても不自然な流れになってしまいます。これは，Declerck (1991) の言う，いわゆる主題の連続性 (theme continuity) の原理に抵触する例とみなすことができます。さらに，(41b) は，新情報の only a few で始まり，旧情報の it が文末に現れるので，「旧から新」という一般的な情報の流れにも合致していません。このように，一般に，能動文とそれに対応する受動文は，文レベルでは両者共に知的意味内容は同じと言える場合はあっても，談話のレベルでは，それぞれが異なった情報価値を有していることが理解できます。

次に，テキストにあるオリジナル文よりも，新たに書き換えられた文のほうが適格となる中学校英語テキストからの例を見てみましょう。

(42) She gathered together some children, {a. #and taught the alphabet to them / b. and taught them the alphabet}.

この場合，オリジナル文 (42a) の与格構文 (dative construction) よりも，(42b) のようないわゆる二重目的語構文 (double object construction) のほうが適格です。これは，出だしの文ですでに some children が導入されて，それを受ける them はより重要度の低い情報であるのに対して，定名詞句ながら初出の the alphabet がより重要度の高い情報であるとみなされるために，「旧から新」への情報の流れの原則に合致するのは，(42a) よりもむしろ (42b) の二重目的語構文のほうであると考えられるためです。

さらに，(43) についてはどうでしょうか。

(43) People say I've been brave, but it's only on the football fields, and only in the fall. Joey lives with pain all the time. And I'm here today, thanks to him. He's much braver than me. {a. So I'd like to give this trophy to my brother Joey. / b. #So I'd like to give my brother Joey this trophy.}

この場面で，最後の文において，情報の流れとしては (43a) の与格構文でも (43b) の二重目的語構文でもどちらでも適切であろうと思われます。しかし，内容的にはこのトロフィーの行方に焦点があり，それが my brother Joey であることを示すためには，文末焦点の原則，すなわち「重要なもの，あるいは焦点とみなされるものを文末に移動せよ」といった原則[13] に従うべく，my brother Joey が文末の焦点の位置に置かれる与格構文のほうを選ぶのが適切なのです。

最後に，久野・高見 (2005: 71-72) の例を考えてみましょう。

(44) Adviser: You should have discussed this problem at the beginning of the thesis.
　　　Student: {a. #Yes, I discussed it in Chapter 1. / b. Yes, it was discussed in Chapter 1.}

(44) は，大学院の学生とその指導教員との対話ですが，批判的なトーンが強い指導教員の発話に対して，(44a) の能動文で学生が応答すると，挑戦的なトーンで対決を招きかねません。それを避けるためには，(44b) の受動文を使用して，動作主を明示しない

---

[13] 「文末焦点の原則」をはじめ，さまざまな情報構造上の談話原則については，第 2 章 2.2.2 節を参照してください。

ことです。久野・高見 (2005) が指摘するように，(44) の場合には，動作主不明示の受動文を用いることで，批判・反論が激烈化するのを避けながら対話を進めることができるのです。

これまでの考察から，英語母語話者が談話上，不自然，または適格性を欠くと判断する表現を知ること，さらには不適格との判断を導くメカニズムを理解することは，英語を読む，聞く，話す，書くという能力を伸ばすためにも，非常に有益であることが分かります。これは，先にも用いた比喩ですが，ちょうど，医師が病人を診察して，逆に健康な人の身体の機能が理解できるように，談話上，不適格となる文の観察によって，適格な文の背後に潜む制約や原則が見えてくるということであろうと思います。

7.4. まとめと展望

昭和 50 年代以降，特に産業界を筆頭にして，各方面から半世紀以上に渡って文法訳読式（grammar-translation method）が日本の英語教育を不毛にさせたと言われ続けてきました。岡田 (2007: 3) によると，高校の検定英文法教科書は，昭和 57 年 4 月に廃止されましたが，その一方で，中・高の学習指導要領の中では，一貫してコミュニケーションという用語が踊り出すようになりました。そうだからと言って学習者が英文法を修得しなくてよくなったわけではありません。文法だけで，自由にコミュニケーションできるわけではありませんが，文法がなければ始まらないこともまた事実です。

現行の学習指導要領には，小・中・高の校種を問わず，コミュニケーションを図るのに，文法の介在は望ましくない，あるいは避けるべきだという考え方が示唆されています。よって，文法に

かかわるから話せないといった錯覚をしたり，あるいは文法を軽視，無視すればコミュニケーション能力が身に付くかのごとき主張が展開されることにもなるのです。しかし，どの言語にも意味と形式を結ぶ固有の約束事，すなわち文法が存在し，コミュニケーション能力を身に付けるというのならば，外国語習得においては文法を身に付けることが先決であろうと思います。

ただし，これまでの学校英文法には 7.1 節と 7.2 節でも指摘した通り，文法の内容上においても指導上においてもさまざまな欠陥があることも事実です。しかしながら，文法に欠陥があることに気付いたからと言って，その目指すべき方向は，決して no grammar ではなく，better grammar への方向であろうと思います。本章では，これらの欠陥を克服すべく，さらにはコミュニケーション能力の育成に直結するような学校英文法の在り方として，文から状況を意識した談話へのアプローチと情報構造を重視した談話原則導入のアプローチを提示しました。

最後に，黒川 (2004: 18) の文法観を以下に紹介します。

> 言葉は人間にとってかけがえもなく重要なものである。それは人間性の結晶である。言葉を科学的に分析・総合することは「人間とは何か」という一般教育の問題を解明する営みのひとつであろう。
>
> (中略) 明快で簡潔な説明によって，言葉のきまりの面白さや玄妙さを教授する。そうした教育活動が今切に求められているのではないか。そして若い心を退屈させない良き文法書が早急に作成される必要があるのではないか。
>
> 文法は単なる手段ではない。文法を通して言語には体系的法則があることが分かる。そうした認識は「人間とは何か」

> という根源的問題への理解にもつながって行く。そうした視点から見て，外国語文法を学ぶことは「世界とは何か」「人間とは何か」という一般教育の課題を追求することになる。文法は，コミュニケーション同様に大事な人間的営為であると思う。

然りであると思います。小・中・高いずれの現行学習指導要領においても，文法は自立した科目内容として指定されてはいません。[14] 高校の検定英文法教科書が高校英語の「英文法」という科目から姿を消して，半世紀以上が過ぎました。黒川氏の上記の文法観を踏まえるならば，小学校外国語活動が必修化，さらには教科化されようとしている今だからこそ，英文法の復権を実現させるべく，なるべく早い時期に「英文法」という科目を導入すべきなのではないでしょうか。[15] 決して懐古趣味からではなく，切に英文法の復権が望まれなければならない時期にあると考えます。

---

[14] 文法に関しては，小学校での指導要領では全く触れられず，中・高の指導要領でも，文法事項が羅列されていて，言語教材の一部として示されているに過ぎません。

[15] 小学校では，中・高での「英文法」という科目に繋がる「ことばの気づき（規則性）」といった内容を，母語を用いて小学校外国語活動の中で展開することを提案します。なお，大津・窪薗 (2008) は，小学校外国語活動の代わりに，「ことばの時間」といった科目の導入を主張しています。

参考文献

Aarts, B. (2007) *Syntactic Gradience: The Nature of Grammatical Indeterminacy*, Oxford University Press, Oxford.
安藤貞雄 (2005)『現代英文法講義』開拓社,東京.
安藤貞雄・澤田治美(編) (2001)『英語学入門』開拓社,東京.
安西徹雄 (1983)『英語の発想』講談社,東京.
安西徹雄 (1990)『翻訳英文法』バベル・プレス,東京.
荒木一雄(編) (1984)『英文法用例辞典』研究社,東京.
荒木一雄(編) (1986)『英語正誤辞典』研究社,東京.
荒木一雄・安井稔(編) (1992)『現代英文法辞典』三省堂,東京.
馬場哲生 (1991)「関係節導入についての研究」『現代の英語教育学研究』,伊藤嘉一ほか(編), 16–72, 弓書房,東京.
Bache, Carl and Keif K. Jakobsen (1980) "On the Distinction between Restrictive and Nonrestrictive Relative Clauses in Modern English," *Lingua* 52, 243–267.
Baker, C. L. (1989) *English Syntax*, MIT Press, Cambridge, MA.
別宮貞徳 (1979)『翻訳読本』講談社,東京.
Biber, D., S. Johansson, G. Leech, S. Conrad and E. Finegan (1999) *Longman Grammar of Spoken and Written English*, Longman, London.
Birner, B. J. (1998) *Information Status and Noncanonical Word Order in English*, John Benjamins, Amsterdam.
Bolinger, D. (1977) *Meaning and Form*, Longman, London.
Borkin, A. (1984) *Problems in Form and Function*, Ablex, Norwood.
Celce-Murcia, M. and D. Larsen-Freeman (1999) *The Grammar Book*, 2nd ed., Heinle & Heinle, New York.
Chene, B. (1997)『英文法の再発見』研究社,東京.
千葉修司 (1995)「補文標識 that の消去―That 消去の現象の記述を中心に」『津田塾大学紀要』No. 27, 1–44.

Chiswick, B. R. and P. W. Miller (2004) "Linguistic Distance: A Quantitative Measure of the Distance between English and Other Languages," *IZA Discussion Paper*, No. 1246.

長加奈子 (1999)「二人称代名詞 you の非二人称的用法について」*QUEST* 16, 31-43, 西南学院大学大学院.

Chomsky, N. (1977) "On Wh-movement," *Formal Syntax*, ed. by P. W. Culicover, T. Wasow and A. Akmajian, 71-132, Academic Press, New York.

Chomsky, N. (1981) *Lectures on Government and Binding*, Foris, Dordrecht.

Declerck, R. (1991) *A Comprehensive Descriptive Grammar of English*, Kaitakusha, Tokyo.

Dryer, Matthew S. (2013) "Order of Subject, Object and Verb," *The World Atlas of Language Structures Online*, ed. by Matthew S. Dryer and Martin Haspelmath, Max Planck Institute for Evolutionary Anthropology, Leipzig. (Available online at http://wals.info/chapter/81, Accessed on 2015-07-02.)

Emonds, J. E. (1976) *A Transformational Approach to English Syntax: Root, Structure-Preserving, and Local Transformations*, Academic Press, New York.

Fiengo, R. W. (1974) *Semantic Conditions on Surface Structure*, Doctoral dissertation, MIT.

福地肇 (1985)『談話の構造』大修館書店, 東京.

福地肇 (1995)『英語らしい表現と英文法』大修館書店, 東京.

藤田実・平田達治(編) (1985)『ことばの世界』大修館書店, 東京.

Greenberg, Joseph H. (1963) "Some Universals of Grammar with Particular Reference to the Order of Meaningful Elements," *Universals of Language*, ed. by Joseph H. Greenberg, 73-113, MIT Press, Cambridge, MA.

Green, G. M. (1974) *Semantics and the Syntactic Regularity*, Indiana University Press, Bloomington.

Grice, H. P. (1975) "Logic and Conversation," *Syntax and Semantics 3*, ed. by P. Cole and J. L. Morgan, 41-58, Academic Press, New

York.

濱田英人 (2011)「言語と認知——日英語話者の出来事認識の違いと言語表現」『函館英文学』第 50 号,65-99,函館英語英文学会.

Hinds, J. (1986) *Situation vs. Person Focus*, くろしお出版, 東京.

堀口俊一 (監) (1981)『英文法用例辞典〔文法〕』日本図書ライブ, 東京.

本田修 (1997)『英語アナログ上達法』講談社, 東京.

Hooper, J. B. (1975) "On Assertive Predicates," *Syntax and Semantics 4*, ed. by J. Kimbail, 9-124, Academic Press, New York.

Hornby, A. S. (1975) *Guide to Patterns and Usage in English*, Oxford University Press, Oxford.

Huddleston, R. (1984) *Introduction to the Grammar of English*, Cambridge University Press, Cambridge.

Huddleston, R. and G. K. Pullum (2002) *The Cambridge Grammar of the English Language*, Cambridge University Press, Cambridge.

井出祥子 (1995)「国際化社会における言語と文化とアイデンティティー」『新「ことば」シリーズ 1:国際化と日本語』文化庁.

池上嘉彦 (1981)「表現構造の比較——〈スル〉的な言語と〈ナル〉的な言語」『日英語比較座講 発想と表現』第 4 巻,大修館書店,東京.

池上嘉彦 (1982)『〈する〉と〈なる〉の言語学』大修館書店,東京.

池上嘉彦 (1991)『〈英文法〉を考える』筑摩書房,東京.

池上嘉彦 (2006)『英語の感覚・日本語の感覚——〈ことばの意味〉のしくみ——』(NHK ブックス),日本放送出版協会,東京.

池田重三(編) (1984)『文の書き換え』日本図書ライブ,東京.

Jackendoff, R. S. (1972) *Semantic Interpretation in Generative Grammar*, MIT Press, Cambridge, MA.

Jackendoff, R. S. (1977) *X-bar Syntax: A Study of Phrase Structure*, MIT Press, Cambridge, MA.

Jespersen, O. (1933) *Essentials of English Grammar*, George Allen & Unwin, London.

Jespersen, O. (1949) *A Modem English Grammar on Historical Principles*, *Part VII*, George Allen & Unwin, London.

Kaltenbock, G. (2003) "On the Syntactic and Semantic Status of Anticipatory *it*," *English Language and Linguistics* 7:2, 235-255.

Kamio, A. (2001) "English Generic *we*, *you*, and *they*: An Analysis in Terms of Territory of Information," *Journal of Pragmatics* 33, 1111-1124.

神尾昭雄 (2002)『続・情報のなわ張り理論』大修館書店, 東京.

神尾昭雄・高見健一 (1998)『談話と情報構造』(日英語比較選書 5), 研究社, 東京.

Kamio, A. and M. Thomas (1998) "Some Referential Properties of English it and that," *Function and Structure*, ed. by A. Kamio and K. Takami, 289-315, John Benjamins, Amsterdam/Philadelphia.

金谷武洋 (2003)『日本語文法の謎を解く――「ある」日本語と「する」英語――』筑摩書房, 東京.

神崎高明 (1994)『日英語代名詞の研究』研究社, 東京.

Kilby, D. (1984) *Descriptive Syntax and the English Verb*, Croom Helm, London.

小泉保(編) (2000)『言語研究における機能主義』くろしお出版, 東京.

小寺茂明 (1990)『英語指導と文法研究』大修館書店, 東京.

高博教 (1990)「You と「あなた」」『英米文学 研究と鑑賞』37, 119-131, 大阪府立大学.

久野暲 (1973)『日本文法研究』大修館書店, 東京.

Kuno, S. (1973) *The Structure of the Japanese Language*, MIT Press, Cambridge, MA.

Kuno, S. (1974) "The Position of Relative Clauses and Conjunctions," *Linguistic Inquiry* 5, 117-136.

Kuno, S. (1975) "Three Perspectives in the Functional Approach to Syntax," *Papers from the Parasession on Functionalism*, Chicago Linguistic Society.

Kuno, S. (1976) "Subject, Theme and the Speaker's Empathy: Reexamination of Relativization Phenomena," *Subject and Topic*, ed. by C. Li, Academic Press, New York.

久野暲 (1978)『談話の文法』大修館書店, 東京.

久野暲 (1983)『新日本文法研究』大修館書店, 東京.

Kuno, S. (1987) *Functional Syntax*, University of Chicago Press, Chicago.

久野暲 (2006)「日本語と英語の語順」『函館英文学』第 45 号, 1-22, 函館英語英文学会.

久野暲・高見健一 (2005)『謎解きの英文法：文の意味』くろしお出版, 東京.

Kuno, S., S. Makin and Susan G. Strauss, eds. (2007) *Aspects of Linguistics: In Honor of Noriko Akatsuka*, Kurosio, Tokyo.

黒川泰男 (2004)『英文法の基礎研究——日・英語の比較的考察を中心に——』三友社, 東京.

Lakoff, G. (1987) *Women, Fire, and Dangerous Things: What Categories Reveal about the Mind*, Univeristy of Chicago Press, Chicago.

牧野成一 (1978)『ことばと空間』東海大学出版会, 平塚.

牧野成一 (1996)『ウチとソトの言語文化学』アルク, 東京.

松井力也 (1999)『「英文法」を疑う』(講談社現代新書), 講談社, 東京.

ミントン, T. D. (1999)『ここがおかしい日本人の英文法』研究社, 東京.

宮田幸一 (1970)『教壇の英文法』研究社, 東京.

村田勇三郎 (1982)『機能英文法』大修館書店, 東京.

村田勇三郎 (1983)『文 (II)』(講座・学校英文法の基礎 8), 研究社, 東京.

村田勇三郎 (2005)『現代英語の語彙的・構文的事象』開拓社, 東京.

中右実 (1994)『認知意味論の原理』大修館書店, 東京.

Nakajima, H. (1996) "Complementizer Selection," *The Linguistic Review* 13, 143-164.

中島平三 (2014)『ファンダメンタル英語学演習』ひつじ書房, 東京.

Nakamura, M. (1976) "The Degree of S-Iikeness of Complement Sentence and Its Implications," *Studies in English Literature*, English Number, 127-147.

成瀬武史 (1996)『英日・日英翻訳入門』研究社, 東京.

西光義弘(編) (1997)『日英語対照による英語学概論』くろしお出版, 東京.

大江三郎 (1983)『講座：学校英文法の基礎 5. 動詞 II』研究社, 東京.

大谷泰照 (2007)『日本人にとって英語とは何か：異文化理解のあり方を問う』大修館書店, 東京.

大津由紀雄 (2005)「小学校での言語教育——「英語教育」の廃したあと

に——」『小学校での英語教育は必要ない！』，大津由紀雄(編)，141-160，慶應義塾大学出版会，東京．

大津由紀雄 (2007)『英語学習の7つの誤解』NHK出版，東京．

大津由紀雄(編著) (2012)『学習英文法を見直したい』研究社，東京．

大津由紀雄・窪薗春夫 (2008)『ことばの力を育む』慶應義塾大学出版会，東京．

岡田伸夫 (2001)「英語教育と文法意識の高揚」『現代英語教育の言語文化学的諸相』，30-43，三省堂，東京．

岡田伸夫 (2004)『英語教育と英文法の接点』美誠社，京都．

岡田伸夫 (2007)「形式偏重主義の克服と原理に基づく文法的説明」『英文法研究と学習文法のインターフェイス』，中村捷・金子義明(編)，3-28，東北大学大学院文学研究科．

岡田伸夫 (2008)「学習英文法の内容と指導の改善」『言語文化学への招待』，木村健治・金﨑春幸(編)，177-190，大阪大学出版会，吹田．

織田稔 (1990)『英文法学習の基礎』研究社，東京．

Palmer. H. E. (1969) *Grammar of Spoken English*, 3rd ed., W. Heffer & Sons, Cambridge.

Petersen, M. (1990)『続日本人の英語』(岩波新書)，岩波書店，東京．

Petersen, M. (2002)『コミュニケーション英語学』集英社インターナショナル，東京．

Pulvers, R. (上杉隼人訳) (2001)『ほんとうの英語がわかる』(新潮選書)，新潮社，東京．

Postal, P. M. (1974) *On Raising: One Rule of English Grammar and Its Theoretical Implications*, MIT Press, Cambridge, MA.

Quirk, R., S. Greenbaum, G. Leech and J. Svartvik (1985) *A Comprehensive Grammar of the English Language*, Longman, London.

Rando, E. and D. J. Napoli (1978) "Definites in *there*-sentences," *Language* 54, 300-313.

Rodman, R. (1974) "On Left Dislocation," *Papers in Linguistics* 7, 437-466.

Ross, J. R. (1973) "Nouniness," *Three Dimensions of Linguistic Theory*, ed. by O. Fujimura, 137-257, TEC, Tokyo.

斎藤武生・安井泉 (1983)『講座・学校英文法の基礎 第2巻 名詞・代

名詞』研究社,東京.

斎藤武生・原口庄輔・鈴木英一 (1995)『英文法への誘い』開拓社,東京.

Sakamoto, N. and S. Sakamoto (2004) *Polite Fictions in Collision: Why Japanese and Americans Seem Rude to Each Other*, Kinseido, Tokyo.

瀬田幸人 (1997)『ファンダメンタル英文法』ひつじ書房,東京.

鈴木英一 (2006)「英文法指導と学校英文法再考」『筑波英語教育』第27号,49-80.

Swan, M. (1960) *Practical English Usage*, Oxford University Press, Oxford.

Sweet, H. (1948) *A New English Grammar, Part II*, Clarendon Press, Oxford.

舘清隆 (1979)「派生目的語あるいは派生主語を含む文の意味解釈について」『福井大学教育学部紀要』(人文科学外国語・外国文学編) 29, 51-62.

高橋勝忠・福田稔 (2001)『英語学セミナー』松柏社,東京.

高見健一 (1995)『機能的構文論による日英語比較』くろしお出版,東京.

高見健一 (1997)『機能的統語論』くろしお出版,東京.

高見健一 (1999)「機能的構文論」『言語研究における機能主義』くろしお出版,東京.

高見健一 (2003)「英文法入門④ 日英語の語順と構造の比較」『英語教育』7月号,41-43.

高見健一 (2012)「科学文法と学習英文法」『学習英文法を見直したい』,大津由紀雄(編者),194-205,研究社,東京.

田中春美(編) (1988)『現代言語学辞典』成美堂,東京.

田中実 (1988)『英語構文ニュアンス事典』北星堂書店,東京.

田中茂範・佐藤芳明・阿部一 (2006)『英語感覚が身につく実践的指導――コアとチャンクの活用法』大修館書店,東京.

鳥飼玖美子 (2014)『英語教育論争から考える』みみず書房,東京.

上山恭男 (1987)「to 不定詞と動名詞の名詞性」『英語青年』第132巻12号,584.

上山恭男 (1997)「関係代名詞節と限定度:いわゆる二用法への認識的アプローチ」『人文論究』第63号,11-24.

上山恭男 (1999)「もう一つの接触節」『英語学と現代の言語理論』, 74-88, 北海道大学図書刊行会, 札幌.

上山恭男 (2001)「代名詞 it の指示特性——「それ」との比較による it の理解」『函館英文学』第 40 号, 51-70, 函館英語英文学会.

上山恭男 (2003)「機能的構文論による there 構文の分析」『函館英文学』第 42 号, 13-32, 函館英語英文学会.

上山恭男 (2011)『言語の機能と認知のインターフェイスから構築される教育英文法の有効性について』博士論文, 東北大学.

上山恭男・Michael J. Crawford (2004)「You vs. あなた——異文化理解を見据えた文法教育——」『函館英文学』第 43 号, 1-20, 函館英語英文学会.

Ushie, Yukiko (1994) "Who Are *You*? And What Are *You* Doing?—Discourse and Pragmatic Functions of the Personal Pronoun You in Conversational Narratives,"『お茶の水女子大学人文科学紀要』第 47 巻, 127-147.

牛江ゆき子 (1995)「話し手の視点に基づく人称代名詞の選択と二人称代名詞 you の一人称・三人称的用法について」『お茶の水女子大学人文科学紀要』第 48 巻, 127-144.

牛江ゆき子 (1997)「you 以外の名詞表現を先行詞とする文内の照応表現としての一人称・三人称的な you の用法について」『お茶の水女子大学人文科学紀要』第 52 巻, 93-118.

綿貫陽・Mark F. Petersen (2006)『表現のための実践ロイヤル英文法』旺文社, 東京.

安井泉 (1986)「英語の統語構造における図像性について——近いは近い遠いは遠い」『言語文化論集』(筑波大学現代語現代文化学系) 13, 109-140.

安井稔 (1978)『新しい聞き手の文法』大修館書店, 東京.

安井稔 (1996)『英文法総覧』(改訂版), 開拓社, 東京.

安井稔 (編) (1987)『[例解] 現代英文法事典』大修館書店, 東京.

山田和男 (1979)『英作文研究』文建書房, 東京.

吉田正治 (1985)「固有名詞と関係詞節」『英語青年』113 巻 1 号, 8.

Yule, G. (1998) *Explaining English Grammar*, Oxford University Press, Oxford.

索　引

1. 日本語は五十音順に並べています。英語（で始まるもの）は日本語読みにして入れています。
2. 数字はページ数を表します。

[あ行]

一人称　109, 111, 114-116, 118-120, 122-125, 127-131
it 外置　17, 30
ウチ　127-130
右方転位文　66-67, 86-87
遠称　136

[か行]

過去分詞　148
会話空間　123
外置文　66-67, 84, 86-88
書き換え　52, 54-55, 89, 91-105, 175-176, 186-187
拡大エゴ　128-131
拡張機能　148-149
拡張文　164
学校英文法　162, 165, 167, 169-171, 174-176, 178, 180, 184, 186, 190
学習英文法　162

完了相　153-154
干渉　132, 143
間接目的語　100
間接話法　176-177
関係節　4-5, 14, 17-21, 29, 52-65, 167, 170
聞き手　24-25, 33-35, 46-47, 80, 82, 84, 86, 109-110, 112, 114-115, 118-128, 130, 139, 141, 143, 177, 181-182
基本文型　162, 164
既獲得知識（prior knowledge）134
既知情報　33, 82, 84, 139
既定性（anaphoricity）132, 134-135, 141
機械翻訳　112-113, 132
機能　3, 5-6, 24-27, 33, 52, 62, 64, 66, 74, 79, 80, 85, 88, 90, 100-101, 109, 114, 123, 126, 133, 143-144, 147-153, 155-156, 158-160, 171, 173-174, 182-185, 189

機能的アプローチ　23-25, 27, 29, 31, 33, 35, 37, 39, 41, 43, 45, 47, 49, 52
機能的推移　100, 155
規則性　6, 10, 191
旧情報　31-36, 69, 71, 75-77, 87, 187
共感度（empathy）　38-44, 90
鏡像（mirror image）　4, 6-8, 11-12, 56
近称　136
近接性　91-92
形容詞的用法　152
原形不定詞　146
現在分詞　98, 146, 148
言語的距離　11, 108-109
「こと」的　18-21
後置修飾　18, 56-57, 64-65, 83, 172
後置文　36-67, 79-80, 88
語順　1-9, 11-13, 15-19, 21, 29, 36, 38, 41, 43-44, 55-56, 65, 70-71, 79, 91, 108
語用論的　133, 178
構成素　5, 28, 30, 79

[さ行]

左方転位文　73, 79
三人称　109, 111, 118-120, 122, 125, 127, 129
自己埋め込み　13
指示特性　132, 134, 144
視点　38, 40-49, 90-96, 100-105, 109
視点の一貫性　38, 43, 90
視点階層　40-44, 90, 91, 92-93, 105, 158, 171, 178, 181, 191
主格付加詞（subject-related adjunct）　163
主題　24-26, 41, 43, 53, 58-60, 63, 65, 67, 73-74, 76, 78-79, 90, 109, 186-187
主題の連続性（theme continuity）　187
主題化　58-59, 67, 74, 76, 78-79
主題制約　53, 58-59, 65
主部　24, 26
主要部（head）　5-7, 10, 59, 64
受動文　9, 66, 67, 76-79, 92-94, 175, 180-181, 186-189
樹形図　6-7, 10
重文　164
重要度　35-37, 187
出現動詞　34
述部　24, 26, 181
焦点　3-4, 18, 20, 27, 30-32, 35-37, 56, 67-69, 71-73, 75-77, 79-80, 85, 87-88, 108, 116, 150, 188
情報の流れ　3, 34-38, 56, 59-60, 63-64, 71, 75-77, 187-188
情報運搬構文（information-packaging constructions）　28, 51, 53, 55, 57, 59, 61, 63, 65, 67, 69, 71, 73, 75, 77, 79, 81, 83, 85, 87
情報価値　187

情報構造　23-25, 27-31, 33, 35, 36-37, 39, 41, 43, 45, 47, 49, 52, 66, 76-77, 80, 171, 173, 186, 188, 190
情報追加構文　64-65
状態性　155, 166-167
状態的（stative）　166
新情報　30-36, 71-72, 75-77, 80, 82, 84-85, 87, 100, 172-173, 187
進行相　153
遂行節　91-92, 96-98, 100, 105
制限の用法　60-61
接触節（contact clause）　57, 167
ゼロ代名詞　137
潜在的不定名詞句　83
前置文　67, 79
全体的解釈　94, 102-103
相　4, 9, 11-12, 18, 21, 24, 28, 30, 34-35, 42, 44-47, 55-56, 72, 82, 85-87, 95, 97, 112, 114, 117, 128, 130-131, 135, 146, 153-155, 160, 172, 174-175, 180-181, 183-184
総記　25-26
総称的（generic）　33, 110-111, 114, 120-125, 129-130
ソト　127-130
存在文　66-67, 80-84, 88, 164, 170-171

［た行］

他動性　165-167
ダイクシス（deixis）　45, 47, 109

対照　25, 107, 109, 111, 113, 115, 117, 119, 121, 123, 125, 127, 129-131, 133, 135, 137, 139-141, 143
態の転換　96, 175
代名詞　20-21, 32, 36, 53-55, 58, 73, 82, 86, 109, 111, 113-116, 118, 120-128, 132, 135-137, 139-144, 167, 169-171, 178
題述　24, 26, 67, 79, 85, 88
題述化　67, 85
段階性　174
談話　34, 37, 38, 41, 43, 53, 75-76, 80, 90, 109, 171, 186-190
談話のレベル　187
知覚処理　3, 13-17
中央枝分かれ　13-15
中称　136
中立化　155
中立叙述　25-26
直示的　45
直接話法　176-178
to 不定詞　146-147, 152, 159-160, 175
定形動詞　146, 147-149, 152, 155, 158-160
定性制約（definiteness restriction）　81-84, 171, 173
倒置文　67, 70-73, 79
統語範疇　159
動的（dynamic）　166
動名詞　75, 84-87, 146-149, 173-174
同一名詞句削除　58

特定的 (specific) 62, 110-111, 114, 123-125, 151

[な行]

縄張り 122
二重目的語構文 99-100, 175, 187-188
二人称 109-111, 114-115, 118, 120, 122-124, 127-128
二文結合 52, 53, 55-57, 65
認知空間 123
認知的 18, 109, 111, 125
認知能力 126, 144

[は行]

ハイブリッド的性格 174
場所付加詞 (supace adjunct) 163
派生主語 92-97, 105
派生文 164
派生目的語 92, 97, 102, 105
発話 34, 41-43, 53, 65, 69, 74, 76-78, 82, 90, 118-119, 126, 134-137, 172, 178, 181-185, 188
発話の機能 182-183
発話内行為 (illocutionary act) 182
話し手の視点 38, 40, 43-47, 49, 89-91, 93-95, 97, 99, 100-101, 103-105
非制限的用法 60-61
非定形動詞 146-149, 152, 155, 158-160
非特定的 111, 124-125
引金機能 (triggering function) 143
左枝分かれ 7, 10, 12, 55
評言 24
不定詞 75, 84-85, 146-154, 156-160, 173-174
不変化詞 100, 104
部分的解釈 94, 103
副詞的用法 155, 157
副詞類 (adverbials) 163
複文 94, 96, 164, 175
分解的な表現 101-102
分詞 70, 98, 146-153, 155-160, 180
分裂文 66, 75, 79, 150
文化的 109, 111, 127, 130-131
文法指導 38, 52, 90, 132, 148, 160, 162, 174
文法訳読式 (grammar-translation method) 189
文末重点の原則 28, 73, 79, 84, 88
文末焦点の原則 30, 32, 71, 80, 85, 88, 188
補足部 (complement) 5-7, 10
補文標識 169

[ま行]

右枝分かれ 7-8, 10, 12-13, 17, 55
無標の 140

名詞らしさ　85
名詞句　12-14, 28, 29, 30, 32-34, 38, 41-43, 48, 55-58, 65, 78-79, 81-86, 90-91, 103, 133, 139-140, 152, 171-172, 179, 187
名詞句からの外置　30, 86
名詞性（nouniness）　151-152, 174
名詞性の度合い　151-152
名詞的用法　149
明示性　56-57, 64
目的格付加詞（object-related adjunct）　163
「もの」的　18-21

［や行・ら行・わ行］

訳し上げ　52-53, 55-56, 58-59, 61-63, 65
有標の　66-67, 140
与格構文　175-176, 187-188
リスト there 構文　82, 172
隣接条件　169
連続性　125, 145, 147, 149, 151, 153-157, 159, 174
話題　24, 67-70, 73-74, 80, 87, 135, 137, 141, 143, 171, 181

上山　恭男（うえやま　やすお）

1952年，北海道生まれ。東北大学大学院文学研究科修士課程（英語学専攻）修了。博士（学術）。現在，北海道教育大学函館校国際地域学科教授。1995-1996年，ハーバード大学言語学科客員研究員。函館英語英文学会会長。専門は英語学・英語教育学。

主な著書・論文：「英語属格の機能的考察」『現代英語学の歩み』（共著，開拓社，1991），『英語学用語辞典』（共著，三省堂，1998），「もう一つの接触節」『英語学と現代の言語理論』（共著，北海道大学図書刊行会，1999），「小学校における英語活動が抱える課題」『教科教育学研究』第23集（日本教育大学協会第二常置委員会編，2005），「言語の機能と認知のインターフェイスから構築される教育英文法の有効性について」（博士論文，東北大学情報科学研究科，2011）。その他，機能的構文論の観点から日英語対照研究に関する論文，あるいは早期英語教育に関する論文等。

機能・視点から考える
英語のからくり　　　　　　　　　　　　　　　　　　　　　＜開拓社
　　　　　　　　　　　　　　　　　　　　　　　　　　　　言語・文化選書63＞

2016年10月21日　第1版第1刷発行

著作者　　上　山　恭　男
発行者　　武　村　哲　司
印刷所　　萩原印刷株式会社／日本フィニッシュ株式会社

発行所　　株式会社　開　拓　社
　　　　　　　　　　〒113-0023　東京都文京区向丘1-5-2
　　　　　　　　　　電話　（03）5842-8900（代表）
　　　　　　　　　　振替　00160-8-39587
　　　　　　　　　　http://www.kaitakusha.co.jp

© 2016 Yasuo Ueyama　　　　　　　　　　ISBN978-4-7589-2563-1　C1382

JCOPY　＜(社)出版者著作権管理機構　委託出版物＞
本書の無断複写は著作権法上での例外を除き禁じられています。複写される場合は，そのつど事前に，(社)出版者著作権管理機構（電話 03-3513-6969, FAX 03-3513-6979, e-mail: info@jcopy.or.jp）の許諾を得てください。